A VIRTUDE DO EGOÍSMO

AYN RAND

LVM
EDITORA

Prefácio de
DENNYS GARCIA XAVIER

Tradução de
MATHEUS PACINI

2ª edição

São Paulo | 2022

Título original: *The Virtue of Selfishness: A New Concept of Egoism*
Copyright © 1962, 1963, 1964 by The Objectivist Newsletter, Inc

Os direitos desta edição pertencem à
LVM Editora
Rua Leopoldo Couto de Magalhães Júnior, 1098, Cj. 46
04.542-001 • São Paulo, SP, Brasil
Telefax: 55 (11) 3704-3782
contato@lvmeditora.com.br • www.lvmeditora.com.br

Editor-chefe | Pedro Henrique Alves
Gerente editorial | Chiara Ciodarot
Editor encarregado | Alex Catharino
Editor adjunto | Dennys Garcia Xavier
Tradução | Matheus Pacini
Revisão da tradução e Notas de Revisão (N. R.) | Lígia Alcântara
Revisão técnica | Dennys Garcia Xavier & Lígia Alcântara
Revisão ortográfica e gramatical | Márcio Scansani / Armada
Preparação de texto | Pedro Henrique Alves & Alex Catharino
Revisão final | Giovanna Zago & Lígia Alcântara
Elaboração de índice remissivo e onomástico | Márcio Scansani / Armada
Capa | Mariangela Ghizellini
Projeto gráfico | Mariangela Ghizellini & Luiza Aché / BR 75
Diagramação e editoração | Laura Arbex / BR 75
Produção editorial | Clarisse Cintra & Silvia Rebello / BR 75

Impresso no Brasil, 2022

Dados Internacionais de Catalogação na Publicação (CIP)
Angélica Ilacqua CRB-8/7057

R186v   Rand, Ayn, 1905-1982
A virtude do egoísmo / Ayn Rand ; prefácio de Dennys Garcia Xavier ; tradução de Matheus Pacini. — São Paulo : LVM Editora, 2022. 216 p. : il. (Clube Ludovico ; V. 6)

ISBN 978-65-5052-024-3
Título original: The Virtue of Selfishness

1. Filosofia 2. Ética 3. Liberalismo 4. Objetivismo 5. Psicologia 6. Individualismo 7. Egoísmo I. Título II. Xavier, Dennys Garcia III. Pacini, Matheus

20-3594   CDD 100

Índices para catálogo sistemático:
1. Filosofia 100

Reservados todos os direitos desta obra.

Proibida toda e qualquer reprodução integral desta edição por qualquer meio ou forma, seja eletrônica ou mecânica, fotocópia, gravação ou qualquer outro meio de reprodução sem permissão expressa do editor. A reprodução parcial é permitida, desde que citada a fonte.

Esta editora empenhou-se em contatar os responsáveis pelos direitos autorais de todas as imagens e de outros materiais utilizados neste livro.

Se porventura for constatada a omissão involuntária na identificação de algum deles, dispomo-nos a efetuar, futuramente, os possíveis acertos.

SUMÁRIO

APRESENTAÇÃO À EDIÇÃO BRASILEIRA | 09
Dennys Garcia Xavier

INTRODUÇÃO DA AUTORA | 13
Ayn Rand

CAPÍTULO 1
A ÉTICA OBJETIVISTA | 21
Ayn Rand

CAPÍTULO 2
SAÚDE MENTAL VERSUS MISTICISMO E AUTOSSACRIFÍCIO | 47
Nathaniel Branden

CAPÍTULO 3
A ÉTICA NAS SITUAÇÕES DE EMERGÊNCIA | 57
Ayn Rand

CAPÍTULO 4
OS "CONFLITOS" DE INTERESSE ENTRE OS HOMENS | 67
Ayn Rand

CAPÍTULO 5
NÃO SOMOS TODOS EGOÍSTAS? | 77
Nathaniel Branden

CAPÍTULO 6
A PSICOLOGIA DO PRAZER | 85
Nathaniel Branden

CAPÍTULO 7
A VIDA NÃO REQUER ACORDOS? | 95
Ayn Rand

CAPÍTULO 8
COMO LEVAR UMA VIDA RACIONAL EM UMA SOCIEDADE IRRACIONAL? | 101
Ayn Rand

CAPÍTULO 9
O CULTO DA MORAL INDEFINIDA | 107
Ayn Rand

CAPÍTULO 10
A ÉTICA COLETIVISTA | 115
Ayn Rand

CAPÍTULO 11
OS CONSTRUTORES DE MONUMENTOS | 123
Ayn Rand

CAPÍTULO 12
OS DIREITOS DO HOMEM | 133
Ayn Rand

CAPÍTULO 13
"DIREITOS" COLETIVIZADOS | 145
Ayn Rand

CAPÍTULO 14
A NATUREZA DO GOVERNO | 153
Ayn Rand

CAPÍTULO 15
O FINANCIAMENTO GOVERNAMENTAL EM UMA SOCIEDADE LIVRE | 165
Ayn Rand

CAPÍTULO 16
O DIREITO SAGRADO À ESTAGNAÇÃO | 173
Nathaniel Branden

CAPÍTULO 17
RACISMO | 181
Ayn Rand

CAPÍTULO 18
INDIVIDUALISMO FALSIFICADO | 193
Nathaniel Branden

CAPÍTULO 19
O ARGUMENTO PELA INTIMIDAÇÃO | 199
Ayn Rand

ÍNDICE REMISSIVO E ONOMÁSTICO | 207

APRESENTAÇÃO
À EDIÇÃO BRASILEIRA

Enquanto escrevo essa apresentação, o interesse pela vida e obra de Ayn Rand (1905-1982) experimenta, no Brasil, um crescimento sem precedentes. Seu nome, antes quase completamente ignorado em território nacional (com algumas poucas, localizadas e honrosas exceções, que acabavam por confirmar a regra geral do indesculpável desconhecimento de sua obra) circula agora, com notável desenvoltura, por ambientes os mais diversos: de grupos (cada vez mais numerosos) de estudiosos *Objetivistas*, a páginas (especializadas ou não) de redes sociais, e mesmo em rodas informais de amigos intrigados com algumas das mensagens nada usuais trazidas à luz por essa pensadora nascida em 1905, em São Petersburgo, Império Russo czarista. Bem, tanto melhor: precisamos mais da filosofia de Rand do que ela de nós, filhos de longa tradição coletivista/estatista que submeteu toda uma nação de pluridimensional potência realizadora a resultados medíocres, cultivados durante décadas ininterruptas de políticas governamentais autoritárias, indignas de um país que se pretenda viável.

Certo que os motivos que evocam tamanho interesse são múltiplos e, também por isso, declino a tarefa de aqui elencá-los pormenorizadamente. Um deles, no entanto, parece merecer especial atenção: Rand responde a um desejo represado de doses hiperbólicas de realidade, de mundo tangível, objetivo, sem gracejos linguísticos, sem artifícios hermenêuticos pensados para projetá-lo para além de si mesmo, ou seja, numa celebração irracional de expectativas sem lastro nos fenômenos tal como se nos apresentam. O terreno da filosofia randiana, de sua especulação intelectual, é o mais sólido arcabouço da experiência humana; ali se dá a arquitetônica do seu pensamento. O estágio quase larvário de existência a que fomos (e somos ainda hoje em grande medida) submetidos por força de empenho coletivista/estatal, completamente contrário à livre natureza que nos é própria, evocou, finalmente, movimento sistemático e orgânico de rejeição. Rand é porta-voz irrenunciável dele.

Claro, não estamos diante de fato excêntrico ou imprevisto (ainda que tardio). Movimentos semelhantes foram vivenciados em outras paragens e momentos da tortuosa história humana, ocasiões nas quais os indivíduos se viram gravemente esvaziados dos significados mais sublimes que lhe conferiam grau superior de identidade. Situações assim são especialmente perigosas, evidente, por poderem encetar graves tensões niilistas, de uma "nadificação" paralisante, muitas vezes causadora de profunda desilusão moral. Rand, no entanto, não aceitará de bom grado desse mesmo Homem menos do que condição que esteja à altura das suas mais altas possibilidades e capacidades. Claro, você pode optar por uma existência sub-humana, castrada, parasitária, caprichosa ou indolentemente "nadificada". Pode optar ainda por submeter-se a fantasias místicas, impulsos arbitrários, justificados por exercício vulgar de autoconvencimento sustentados por simples crença. Outros, no entanto, devem estar prontos para responder à altura, e devem fazê-lo segundo código de ação ancorado numa existência sustentada pelo que em Rand emerge como consistente autointeresse racional.

Eis que Rand se nos apresenta como força emblemática do intelecto humano, de suas máximas potencialidades. Difícil mesmo ficar indiferente ao seu pensamento, seja para concordarmos com ele, seja para termos nele objeto de discordância. Contudo, que reste claro: a concordância ou a discordância pressupõem – ou devem pressupor – o conhecimento justo, calibrado, o mais possível correto dos conceitos postos em jogo pela autora. Informações recortadas, extraídas de fontes pouco críveis ou de figuras não treinadas em sua filosofia são armadilhas fáceis e por vezes sedutoras. Um antídoto eficaz se apresenta agora, nessa belíssima edição – com nova e muito bem cuidada versão para o português –, ao leitor. Aqui temos Ayn Rand em versão, por assim dizer, não-ficcional. Com a pontual (mas preciosa) colaboração de Nathaniel Branden (1930-2014), nossa autora evoca neste livro diversos temas – muitos dos quais (ou todos) de extrema atualidade – em ensaios provocantes, incisivos, por vezes iconoclastas.

A advertência se faz necessária: não espere de Rand soluções de meio-termo, sutis ou pensadas para não ferir sensibilidades mais suscetíveis. Nossa autora não negocia, em seu *excursus* filosófico, com conclusões extraídas de uso criterioso da razão. Minha experiência como divulgador do seu pensamento e profundo admirador do seu texto me leva a dizer, sem medo do erro, que estamos para embarcar, com a leitura que nos aguarda, num caminho sem volta. Rand tem muito a nos dizer e ouvi-la pode ser, não duvide, a diferença entre o que somos e o que podemos ser, seja enquanto indivíduos, seja enquanto nação.

Dennys Garcia Xavier
Uberlândia, em julho de 2020

INTRODUÇÃO DA AUTORA

O título deste livro pode suscitar uma pergunta que ouço de vez em quando: "Por que usar a palavra 'egoísmo' para se referir a virtudes de caráter, quando contraria o significado que a maioria das pessoas atribui a ela?"

Para aqueles que me fazem essa pergunta, respondo: "pela razão que o faz ter medo dela".

Mas há outros que não fariam essa pergunta, percebendo a covardia moral que ela implica, mas que são incapazes de formular meu motivo real ou identificar a profunda questão moral envolvida. É para eles que darei uma resposta mais explícita.

Não se trata de uma mera questão semântica ou de uma escolha arbitrária. O significado atribuído à palavra "egoísmo" na linguagem popular não é apenas errado: representa um pacote[1] de ideias intelectualmente devastadoras que é responsável, mais do que qualquer outro fator, pelo limitado desenvolvimento moral da humanidade.

No uso popular, a palavra "egoísmo" é um sinônimo de maldade; a imagem que invoca é a de um brutamontes homicida que pisoteia pilhas de cadáveres para atingir seus objetivos, que não se preocupa com nenhum ser vivo e que busca, apenas, a satisfação imediata de caprichos insensatos.

Porém, o significado exato de "egoísmo" presente no dicionário é: a preocupação com seus próprios interesses.

Esse conceito não inclui uma avaliação moral, ou seja, não nos diz se a preocupação com nossos interesses é boa ou má, nem o que constitui os interesses reais do homem. É tarefa da ética responder tais questões.

---

[1] Ayn Rand utilizou a expressão *"package-deal"*, em inglês, para se referir a um pacote compactuado de ideias e conceitos. Ao longo do texto, optamos por traduzir, apenas, como "pacote". (N. R.)

A ética do altruísmo criou a imagem do brutamontes como sua resposta, de modo a fazer os homens aceitarem dois princípios desumanos: a) que qualquer preocupação com seus próprios interesses é maligna, não importando quais sejam esses interesses e b) que as ações do brutamontes são, na verdade, para seu próprio interesse (que o altruísmo ordena que o homem renuncie pelo bem dos outros).

Para entender a natureza do altruísmo, suas consequências e a imensa corrupção moral que acarreta, recomendo a leitura de meu romance *Atlas Shrugged* [*A Revolta de Atlas*][2] – ou de qualquer manchete do jornal do dia. O que nos interessa aqui é a omissão do altruísmo no campo da teoria ética.

Há dois questionamentos morais que o altruísmo condensa em um único "pacote": 1) o que são valores? e 2) quem deve ser o beneficiário dos valores? O altruísmo substitui o segundo pelo primeiro e foge da tarefa de definir um código de valores morais, deixando o homem, portanto, sem um guia moral.

O altruísmo declara que toda ação realizada em benefício dos outros é boa, e toda ação realizada em benefício próprio é má. Dessa forma, o beneficiário de uma ação é o único critério de valor moral – e contanto que o beneficiário seja qualquer um que não nós mesmos, tudo passa a ser válido.

Daí a espantosa imoralidade, a injustiça crônica, a grotesca duplicidade de padrões, os conflitos insolúveis e as contradições que têm caracterizado as relações e as sociedades humanas ao longo da história, sob todas as variantes da ética altruísta.

Observe a indecência do que é considerado julgamento moral hoje em dia. Um industrial que gera uma fortuna e um ladrão que rouba um banco são considerados igualmente imorais, já que ambos buscam riqueza para seu próprio benefício "egoísta". Um jovem que desiste de sua carreira para sustentar seus pais e nunca passa de um balconista de mercearia é considerado moralmente superior àquele que suporta batalhas penosas e conquista sua ambição pessoal. Um ditador é considerado moral, desde que as atrocidades indescritíveis sejam cometidas com a intenção de beneficiar "o povo", não a ele mesmo.

Observe o que este critério de moralidade, que considera apenas o beneficiário, faz à vida de um homem. A primeira coisa que se aprende é que a moralidade é sua inimiga, nada se tem a ganhar com ela, só a perder; tudo o que pode esperar são perdas autoimpostas, dores autoimpostas e o manto cinzento e debilitante de uma obrigação incompreensível. Pode-se esperar que os outros, ocasionalmente, sacrifiquem-se por ele, assim como ele se sacrifica de má vontade por eles, mas sabe-se

---

[2] Ao longo do presente livro, todas as citações da obra serão feitas com base na seguinte edição brasileira: RAND, Ayn. *A Revolta de Atlas*. Trad. de Paulo Henriques Britto. São Paulo: Arqueiro, 2010. 3v. (N. R.)

que essa relação só produzirá ressentimentos mútuos, não prazer – e que, moralmente, sua busca de valores será como uma troca de presentes de Natal que não se gosta, nem se escolhe – já que, moralmente, é proibido comprar para si mesmo. Exceto nos momentos em que conseguir realizar algum ato de autossacrifício, não se tem nenhum significado moral: a moralidade não o reconhece e nada tem a lhe dizer para orientar as questões cruciais de sua vida; é somente sua vida pessoal, privada, "egoísta" que, como tal, é considerada má ou, na melhor das hipóteses, amoral.

Como a natureza não oferece ao homem uma forma automática de sobrevivência, como ele deve manter sua vida por seu próprio esforço, a doutrina que diz que a preocupação com seus interesses é má significa, então, que o desejo de viver do homem é mau – que a vida do homem, como tal, é má. Nenhuma doutrina poderia ser mais maligna do que essa.

No entanto, esse é o significado do altruísmo, implícito nos exemplos que igualam um industrial a um ladrão. Há uma diferença moral fundamental entre um homem que baseia seu autointeresse na produção e outro, no roubo. A maldade de um ladrão não está no fato de ele perseguir seus próprios interesses, mas no que ele considera como sendo do seu interesse; não no fato de que persegue seus valores, mas no que ele escolheu como valor; não no fato de que deseja viver, mas no fato de querer viver num nível sub-humano (veja o capítulo 1: "A ética objetivista").

Se for verdade que a minha definição de "egoísmo" não é a convencionalmente aceita, então, esta é uma das piores acusações que podem ser feitas contra o altruísmo: significa que o altruísmo não tolera o conceito de um homem que respeita a si próprio, que sustenta sua vida pelo próprio esforço e não sacrifica a si mesmo pelos outros, nem sacrifica os outros para si mesmo. Significa que o altruísmo não tolera outra visão dos homens que não seja a de animais para sacrifício e beneficiários do sacrifício alheio, como vítimas e parasitas – que não tolera o conceito de uma coexistência benevolente entre os homens – que não tolera o conceito de justiça.

Pergunte-se sobre as razões por trás da terrível mistura de cinismo e culpa na qual a maioria dos homens desperdiça suas vidas e encontrará: cinismo, porque eles não praticam nem aceitam a moralidade altruísta; culpa, porque não se atrevem a rejeitá-la.

Para se rebelar contra um mal tão devastador, é preciso rebelar-se contra sua premissa básica. Para redimir tanto o homem como a moralidade, é preciso redimir o conceito de "egoísmo".

O primeiro passo é reivindicar o direito do homem a uma existência moral, ou seja, reconhecer sua necessidade de um código moral para guiar o curso e a realização de sua própria vida.

Para um breve esboço da natureza e da validade de uma moralidade racional, leia o próximo capítulo, "A ética objetivista". As razões por que o homem precisa de um código moral lhe dirão que o propósito da moralidade é definir os valores e os interesses corretos do homem, que a preocupação com seus próprios interesses é a essência de uma existência moral e que o homem deve ser o beneficiário de suas próprias ações morais.

Visto que todos os valores devem ser obtidos e/ou mantidos pelas ações dos homens, qualquer brecha entre o agente e o beneficiário implica uma injustiça: o sacrifício de alguns homens em favor de outros, dos que agem em favor dos que não agem, dos que são morais em favor dos imorais. Nada pode, jamais, justificar tal brecha, e ninguém nunca o fez.

A escolha do beneficiário dos valores morais é meramente uma questão preliminar ou introdutória no campo da ética. Não é um substituto para a moralidade, nem um critério de valor moral, como o altruísmo transformou-o. Também não é um fundamento moral: deve ser derivada das premissas de um sistema moral e validada por elas.

A ética objetivista sustenta que o agente deve, sempre, ser o beneficiário de sua ação e que o homem deve agir por seu próprio autointeresse racional. Entretanto, seu direito de agir assim deriva de sua natureza como homem e da função dos valores morais na vida humana e, assim, é aplicável, somente, no contexto de um código racional de princípios morais, objetivamente demonstrado e validado, que defina e determine seu real autointeresse. Não é uma licença para "fazer o que quiser" e não é aplicável à imagem altruísta de um brutamontes "egoísta", nem a qualquer homem motivado por emoções, sentimentos, impulsos, desejos ou caprichos irracionais.

Isso serve de alerta contra o tipo de "egoístas nietzschianos" que, na verdade, são um produto da moralidade altruísta e representam o outro lado da moeda altruísta: os homens que acreditam que toda ação, não importando sua natureza, é boa se tem como intenção o benefício próprio. Assim como a satisfação de desejos irracionais de outros não é um critério de valor moral, a satisfação de seus próprios desejos irracionais, também, não é. A moralidade não é uma disputa de caprichos[3].

Um tipo de erro similar é cometido por quem declara que, já que o homem deve ser guiado por seu próprio julgamento independente, qualquer ato que decida realizar é moral, se ele assim escolher. Seu próprio julgamento independente é o meio pelo qual deve escolher seus atos, mas não é um critério, nem uma

---

[3] Ver os artigos de Nathaniel Branden "Individualismo falsificado", capítulo 18, e "Não somos todos egoístas?", capítulo 5.

INTRODUÇÃO DA AUTORA

validação moral: somente a referência a um princípio demonstrável pode validar suas escolhas.

Assim como o homem não pode sobreviver por quaisquer meios aleatórios, mas deve descobrir e praticar os princípios que sua sobrevivência requer, tampouco seu autointeresse pode ser determinado por desejos cegos ou caprichos aleatórios, mas deve ser descoberto e conquistado mediante a orientação de princípios racionais. É por isso que a ética objetivista é uma moralidade do autointeresse racional – ou do egoísmo racional.

Visto que o egoísmo é "a preocupação com seus próprios interesses", a ética objetivista utiliza esse conceito no seu sentido mais puro e exato. Não é um conceito que se pode render aos inimigos do homem, nem aos equívocos impensados, distorções, preconceitos e medos do ignorante e do irracional. O ataque ao "egoísmo" é um ataque à autoestima do homem; renunciar a um é renunciar ao outro.

Agora, uma palavra sobre o material deste livro. Com exceção da palestra sobre ética, trata-se de uma coleção de ensaios publicados em *The Objectivist Newsletter*, um periódico mensal de ideias, editado e publicado por Nathaniel Branden e eu. Essa publicação trata da aplicação da filosofia do objetivismo às questões e problemas da cultura atual, mais especificamente, com aquele nível intermediário de interesse intelectual que está entre as abstrações filosóficas e os fatos jornalísticos concretos do dia a dia. Seu objetivo é oferecer aos leitores um panorama filosófico de referência consistente.

Esta coleção não é um tratado sistemático de ética, mas uma série de ensaios sobre temas éticos que precisavam de esclarecimento, no contexto atual, ou que tinham se tornado muito confusos pela influência do altruísmo. Observe que os títulos de alguns artigos estão na forma de pergunta. Estes foram retirados de nosso "Departamento de Munição Intelectual", que responde às perguntas enviadas por nossos leitores.

Ayn Rand
Nova York, setembro de 1964

P.S. Nathaniel Branden não é mais ligado a mim, à minha filosofia ou ao *The Objectivist* (antigamente, *The Objectivist Newsletter*).

Ayn Rand
Nova York, novembro de 1970

CAPÍTULO 1
A ÉTICA OBJETIVISTA*

Ayn Rand

Já que falarei sobre a ética objetivista, devo começar citando seu melhor representante: John Galt, em *A Revolta de Atlas*:

> Durante séculos de pragas e catástrofes, causadas pelo seu código moral, vocês vêm exclamando que seu código foi violado, que as pragas eram castigos por causa dessas violações, que o homem era fraco e egoísta demais para derramar todo o sangue que esse código exigia. Vocês amaldiçoavam o homem, condenavam a existência, abominavam esta Terra, mas jamais ousaram questionar seu código. [...] vocês continuavam a choramingar, dizendo que seu código era nobre, apenas a natureza humana não era boa o suficiente para praticá-lo. E ninguém levantou a voz para perguntar: "Bem, por quais padrões?"
>
> Vocês queriam conhecer a identidade de John Galt. Eu sou o homem que fez essa pergunta.
>
> Sim, é verdade que vivemos *numa* época de crise moral. [...] seu código moral que finalmente chegou ao clímax, ao beco sem saída que é seu destino. E, se vocês querem continuar vivos, o que precisam fazer agora não é voltar à moralidade [...], e sim *descobri-la*[1].
>
> O que é moralidade, ou ética? É um código de valores que guia as escolhas e as ações do homem, escolhas e ações que determinam o propósito e o rumo de sua vida. A ética, como ciência, busca descobrir e definir esse código.

---

* Palestra proferida por Ayn Rand no simpósio "Ethics in Our Time", promovido pela University of Wisconsin em Madison, Wisconsin, em 9 de fevereiro de 1961.
[1] RAND, Ayn. *A Revolta de Atlas. Op. cit.*, Vol. III, p. 333.

A primeira pergunta que deve ser respondida, como condição prévia de qualquer tentativa para definir, julgar ou aceitar qualquer sistema específico de ética, é: por que o homem precisa de um código de valores?

Permitam-me enfatizar isso. A primeira pergunta *não* é: que código específico de valores o homem deve aceitar? A primeira pergunta é: o homem, realmente, precisa de valores – e por quê?

O conceito de valor, de "bem ou mal", é uma invenção humana arbitrária, não relacionada, não derivada e não sustentada por nenhum fato da realidade; ou se baseia em um fato metafísico, uma condição inalterável da existência do homem (eu uso a palavra "metafísico" com o seguinte significado: aquilo que pertence à realidade, à natureza das coisas, à existência)? É decreto de uma convenção humana arbitrária, de um mero costume, que o homem deve guiar suas ações por um conjunto de princípios; ou existe um fato da realidade que exige isso? A ética é o domínio dos caprichos: das emoções pessoais, convenções sociais e revelações místicas; ou é o domínio da razão? A ética é um luxo subjetivo ou uma necessidade objetiva?

No lamentável registro da história da ética da humanidade – com algumas raras e malsucedidas exceções – os moralistas consideraram a ética como um território dos caprichos, ou seja, do irracional. Alguns o fizeram explicitamente, de propósito; outros, implicitamente, por omissão. Um "capricho" é um desejo experimentado por uma pessoa que não conhece e não se importa em descobrir sua causa.

Nenhum filósofo respondeu de forma racional, objetivamente demonstrável e científica, à questão por que o homem precisa de um código de valores. Enquanto essa questão permaneceu sem resposta, não foi possível descobrir ou definir um código de ética racional, objetivo e científico. O maior de todos os filósofos, Aristóteles (384-322 a.C.), não considerava a ética como uma ciência exata; baseou seu sistema ético em observações a respeito do que os homens nobres e sábios de sua época escolhiam fazer, deixando sem resposta as perguntas: por que eles escolhiam fazê-lo, e por que ele os considerava nobres e sábios.

A maioria dos filósofos considerava a existência da ética como certa, como dada, como um fato histórico, e não estavam preocupados em descobrir sua causa metafísica ou sua validação objetiva. Muitos deles tentaram romper o monopólio tradicional do misticismo no campo da ética para, supostamente, definir uma moralidade racional, científica e não religiosa. Mas suas tentativas consistiram em tentar justificá-las em fundamentos sociais, meramente substituindo Deus por sociedade.

Os místicos declarados sustentavam a arbitrária e inexplicável "vontade de Deus" como o padrão do bem e como a validação de sua ética. Os novos místicos substituíram-na pelo "bem da sociedade", colapsando, assim, na circularidade de uma definição de que "o padrão do bem é aquilo que é bom para a sociedade". Isso significou, na lógica – e, hoje, na prática no mundo inteiro – que a "sociedade" está acima de todo princípio ético, já que ela é a fonte, o padrão e o critério da ética, dado que "o bem" é tudo que a sociedade deseja, o que quer que seja que se afirme como seu próprio bem-estar e prazer. Ou seja, que a "sociedade" pode fazer o que quiser, já que o "bem" é tudo aquilo que ela escolhe fazer simplesmente porque escolhe fazê-lo. E, já que não existe uma entidade tal como a "sociedade", e que a sociedade é apenas um número de indivíduos, isso significa que alguns homens (a maioria ou qualquer gangue que se identifique como seu porta-voz) estão eticamente autorizados a satisfazer quaisquer caprichos (ou quaisquer atrocidades) que desejarem, enquanto outros estão eticamente obrigados a dedicar suas vidas a serviço dos desejos dessa gangue.

Isso, dificilmente, poderia ser chamado de racional. No entanto, agora, a maioria dos filósofos decidiu declarar que a razão falhou, que a ética está fora do alcance da razão, que não se pode definir uma ética racional, e que, no campo da ética, na escolha de seus valores, de suas ações, de suas ocupações e de suas metas de vida, o homem deve ser guiado por algo mais do que pela razão. Mas, pelo quê? Fé, instinto, intuição, revelação, sentimento, gosto, ímpeto, desejo, capricho. Hoje, como no passado, a maioria dos filósofos concorda que o padrão final da ética é o capricho (eles o chamam de "postulado arbitrário", "escolha subjetiva" ou, ainda, "compromisso emocional"), e a batalha é, apenas, para saber de quem é esse capricho: do próprio indivíduo, da sociedade, do ditador ou de Deus? Mesmo discordando entre si sobre outros temas, os moralistas atuais concordam que a ética é uma questão subjetiva e que as três coisas proibidas ao seu campo são: razão, mente e realidade.

Se você se pergunta por que o mundo está sucumbindo em um inferno cada vez mais profundo, essa é a razão.

Se você quer salvar a civilização, essa é a premissa da ética moderna e de toda a história da ética que você deve desafiar.

Para desafiar a premissa básica de qualquer disciplina, devemos começar pelo início. Na ética, devemos começar perguntando: o que são valores? Por que o homem precisa deles?

"Valor" é aquilo pelo que alguém age para obter e/ou manter. "Valor" não é um conceito primário, pois pressupõe uma resposta à pergunta: de valor para quem e para quê? Pressupõe uma entidade capaz de agir para alcançar um objetivo frente a uma alternativa. Onde não há alternativas, não pode haver objetivos nem valores.

Cito do discurso de Galt:

Só há duas alternativas fundamentais no universo – existência ou não existência –, que só se aplicam a uma única classe de entidades: os organismos vivos. A existência da matéria inanimada é incondicional, mas a existência da vida não é: ela depende de um curso de ação específico. A matéria é indestrutível, muda de forma, mas não pode deixar de existir. É apenas o organismo vivo que se defronta com duas alternativas constantes: vida ou morte. A vida é um processo de ação que se autossustenta e gera a si própria. Se um organismo fracassa nesse processo, ele morre. Os elementos químicos que o compõem permanecem, mas a vida desaparece. É apenas o conceito de 'vida' que torna possível o conceito de 'valor'. Só para um ser vivo as coisas podem ser boas ou más[2].

Para deixar esse ponto totalmente claro, tente imaginar um robô indestrutível, imortal, uma entidade que se move e age, mas que não pode ser afetada por nada, que não pode ser modificada em qualquer aspecto, que não pode ser danificada, ferida ou destruída. Essa entidade seria incapaz de ter valores, não teria nada para ganhar ou perder; não poderia considerar que qualquer coisa estivesse contra si ou a seu favor, que favorecesse ou ameaçasse seu bem-estar, que cumprisse ou frustrasse seus interesses. Não poderia ter interesses nem objetivos.

Apenas uma entidade viva pode ter ou originar objetivos. E, apenas, um organismo vivo tem a capacidade de realizar ações autogeradas e dirigidas a um objetivo. No nível físico, as funções de todos os organismos vivos, do mais simples ao mais complexo – da função nutritiva na única célula de uma ameba à circulação do sangue no corpo de um homem –, são ações geradas pelo próprio organismo e dirigidas a um único objetivo: a conservação da vida do organismo[3].

A vida de um organismo depende de dois fatores: o material ou combustível externo de que necessita, de seu meio físico e da ação de seu próprio corpo ao usar esse combustível adequadamente. Que padrão determina o que é adequado nesse contexto? O padrão é a vida do organismo, ou: aquilo que é exigido para a sua sobrevivência.

O organismo não tem escolha nesta questão: o que é necessário para sua sobrevivência é determinado por sua natureza, pelo tipo de entidade que é. Muitas variações, muitas formas de adaptação ao meio ambiente são possíveis para um organismo, incluindo a possibilidade de existir por certo tempo mesmo que mu-

---

[2] RAND, Ayn. *A Revolta de Atlas. Op. cit.*, Vol. III, p. 335.

[3] Quando aplicado aos fenômenos físicos, como as funções automáticas de um organismo, o termo "dirigido ao objetivo" não deve ser usado com o significado de "proposital" (um conceito aplicável, somente, aos atos de consciência) e não deve implicar a existência de qualquer princípio teleológico operando sobre a natureza inanimada. Nesse contexto, utilizo o termo "dirigido ao objetivo" para designar o fato de que as funções automáticas dos seres vivos são atos cuja natureza é tal que resultam na preservação da vida de um organismo.

tilado, incapacitado ou enfermo, mas a alternativa fundamental de sua existência permanece a mesma: se um organismo falha nas funções básicas exigidas por sua natureza – se o protoplasma de uma ameba para de assimilar alimento, ou se o coração de um homem deixa de bater –, ele morre. Num sentido fundamental, a inação é a antítese da vida. A vida só pode ser mantida em existência por um processo constante de ação de autossustentação. O objetivo dessa ação, o valor último que, para ser mantido, deve ser obtido a todo momento, é a vida do organismo.

O valor último é o objetivo final ou a finalidade para que todos os objetivos inferiores são meios. Ele determina o padrão pelo qual todos os objetivos inferiores são avaliados. A vida de um organismo é o seu padrão de valor: aquilo que promove sua vida é o bem, aquilo que a ameaça é o mal.

Sem um objetivo último ou fim, não pode haver objetivos ou meios inferiores, pois uma série de meios que avançam em uma progressão infinita em direção a um fim inexistente é uma impossibilidade metafísica e epistemológica. Somente um objetivo último, um fim em si mesmo, torna possível a existência de valores. Metafisicamente, a vida é o único fenômeno que é um fim em si mesma: um valor obtido e mantido por um processo constante de ação. Epistemologicamente, o conceito de "valor" é geneticamente dependente e derivado do conceito anterior de "vida". Falar de "valor" como algo separado de "vida" é pior do que uma contradição em termos. "É somente o conceito de 'Vida' que torna o conceito de 'Valor' possível".

Em resposta àqueles filósofos que alegam que nenhuma relação pode ser estabelecida entre os fins ou valores últimos e os fatos da realidade, permita-me enfatizar o fato de que, para existir e funcionar, as entidades vivas necessitam da existência de valores e de um valor último, que é a sua própria vida. Dessa forma, a validação dos julgamentos de valor deve ser obtida por referência aos fatos da realidade. O fato de que uma entidade viva é, determina o que ela deve fazer. Isso fecha a questão da relação entre o "é" e o "deveria".

Agora, de que maneira um ser humano descobre o conceito de "valor"? Por quais meios ele toma consciência da questão do "bem e do mal" em sua forma mais simples? Mediante as sensações físicas de prazer ou dor. Assim como as sensações são o primeiro passo no desenvolvimento de uma consciência humana no campo da cognição, assim também o são no âmbito da avaliação.

A capacidade de experimentar prazer ou dor é inata no corpo do ser humano; é parte de sua natureza, parte do tipo de entidade que ele é. Ele não tem escolha sobre isso, como, tampouco, tem escolha sobre o padrão que determina o que o fará experimentar a sensação física de prazer ou dor. Que padrão é esse? Sua vida.

O mecanismo prazer-dor no corpo do homem – e nos corpos de todos os organismos vivos que têm a faculdade da consciência – serve como uma proteção automática da vida do organismo. A sensação física de prazer é um sinal indicando que o organismo está perseguindo o curso certo de ação. A sensação física de dor é um sinal de alarme, indicando que o organismo está buscando o curso errado de ação, que algo está prejudicando o funcionamento adequado do seu corpo, o que requer uma ação corretiva. O melhor exemplo disso são os raros e assustadores casos de crianças que nascem sem a capacidade de experimentar dor física. Elas não sobrevivem por muito tempo, já que não têm meios para descobrir o que pode feri-las, nenhum sinal de advertência e, por conseguinte, um corte insignificante pode se tornar uma infecção mortal, ou uma doença grave pode permanecer sem ser detectada até que seja tarde demais para tratá-la.

A consciência, para os organismos vivos que a detêm, é o meio básico de sobrevivência.

Os organismos mais simples, como as plantas, podem sobreviver por meio de suas funções físicas automáticas. Os organismos superiores, como os animais e o homem, não: suas necessidades são mais complexas e a variedade de suas ações é mais ampla. As funções físicas de seus corpos podem executar automaticamente, apenas, a tarefa de utilizar o combustível, mas não podem obter esse combustível. Para obtê-lo, os organismos superiores precisam da faculdade da consciência. Uma planta pode obter seu alimento do solo onde cresce. Um animal tem que caçá-lo. O homem tem que produzi-lo.

Uma planta não tem escolha de ação; os objetivos que ela persegue são automáticos e inatos, determinados por sua natureza. Nutrição, água e luz solar são os valores que sua natureza determinou que buscasse. Sua vida é o padrão de valor que dirige suas ações. Existem alternativas nas condições que encontra em seu meio ambiente físico – tais como calor e frio, seca ou inundação –, e há certas ações que é capaz de executar para combater condições adversas, como a habilidade de algumas plantas de crescer e rastejar por baixo de uma pedra para alcançar a luz solar. Mas sejam quais forem as condições, não há alternativa no funcionamento de uma planta: age automaticamente para sustentar sua vida e não pode agir para sua própria destruição.

A variedade de ações requeridas para a sobrevivência dos organismos superiores é muito maior: ela é proporcional à extensão de sua consciência. As espécies conscientes inferiores têm somente a faculdade da sensação, suficiente para direcionar suas ações e atender suas necessidades. Uma sensação é produzida pela reação automática de um órgão dos sentidos a um estímulo proveniente do mundo exterior; dura pelo momento imediato, enquanto persiste o estímulo, e não mais que isso. As sensações são uma resposta automática, uma forma automática de conhecimento que uma consciência não pode procurar nem evitar.

A ÉTICA OBJETIVISTA

Um organismo que tem apenas a faculdade da sensação é guiado pelo mecanismo prazer-dor de seu corpo, ou seja, por meio de um conhecimento automático e um código de valores, também, automático. Sua vida é o padrão de valor que dirige suas ações. Dentro da gama de ações que lhe são possíveis, age, automaticamente, para sustentar sua vida e não pode agir para sua própria destruição.

Os organismos superiores têm uma forma muito mais potente de consciência: a faculdade de reter as sensações, que é a faculdade da percepção. Uma "percepção" é um grupo de sensações automaticamente retidas e integradas pelo cérebro de um organismo vivo, que lhe confere a capacidade de ter consciência, não de estímulos isolados, mas de entidades, de coisas. Um animal não é guiado, meramente, por sensações imediatas, mas por percepções. Suas ações não são respostas únicas e desconexas a estímulos únicos e isolados, mas sim, dirigidas por uma consciência integrada da realidade perceptível com que se depara. É capaz de compreender a realidade concreta do presente imediato e de formar associações automáticas, mas não pode ir além disso. É capaz de aprender certas habilidades para lidar com situações específicas, como caçar ou esconder-se, que os pais dos animais superiores ensinam a seus filhotes. Mas um animal não tem escolha sobre o conhecimento ou as habilidades que adquire; só pode repeti-los geração após geração. Um animal, tampouco, tem escolha quanto ao padrão de valor que rege suas ações: seus sentidos lhe fornecem um código de valores automático, um conhecimento automático do que é bom ou mau para ele, o que beneficia ou coloca em perigo sua vida. Um animal não tem o poder de ampliar seu conhecimento ou evadir-se dele. Nas situações em que seu conhecimento é inadequado, ele perece – como, por exemplo, um animal que fica paralisado nos trilhos de uma ferrovia enquanto um trem se aproxima em alta velocidade. Mas, enquanto viver, um animal age segundo seus conhecimentos, com um sistema de segurança automático e sem poder de escolha: não pode suspender sua própria consciência, não pode escolher não perceber, não pode evadir-se de suas percepções, não pode ignorar seu próprio bem, não pode decidir escolher o mal, nem pode agir para sua própria destruição.

O homem não tem um código automático de sobrevivência. Ele não tem um curso automático de ação, nem um conjunto automático de valores. Seus sentidos não lhe dizem automaticamente o que é bom ou o que é mau para ele, o que será benéfico para sua vida e o que a colocará em perigo, que objetivos ele deve perseguir e com que meios poderá alcançá-los, quais são os valores de que sua vida depende, que curso de ação ela requer. Sua própria consciência tem de descobrir as respostas a essas perguntas, mas sua consciência não funciona automaticamente. O homem, a espécie mais evoluída que vive sobre a Terra, o ser cuja consciência tem uma capacidade ilimitada de adquirir conhecimento, é a única entidade viva que nasce sem nenhuma garantia de, sequer, permanecer consciente. O que o distingue especificamente de todas as outras espécies é o fato de que sua consciência é volitiva.

Assim como os valores automáticos que dirigem as funções de uma planta são suficientes para sua sobrevivência, mas não são suficientes para a de um animal, também, os valores automáticos fornecidos pelo mecanismo sensorial perceptivo de sua consciência são suficientes para guiar um animal, mas não o são para o homem. As ações e a sobrevivência do homem requerem a orientação de valores conceituais obtidos de um conhecimento conceitual. Mas o conhecimento conceitual não pode ser obtido de forma automática.

Um "conceito" é uma integração mental de dois ou mais resultados concretos de percepção que são isolados por um processo de abstração e unidos por meio de uma definição específica. Cada palavra da linguagem do ser humano, com exceção dos nomes próprios, denota um conceito, uma abstração que representa um número ilimitado de percepções de um tipo específico. É por meio da organização de seu material perceptivo em conceitos, e seus conceitos em conceitos mais e mais amplos, que o homem é capaz de compreender e reter, identificar e integrar uma quantidade ilimitada de conhecimento, um conhecimento que se estende para além das percepções imediatas de um dado momento qualquer. Os órgãos dos sentidos do homem funcionam automaticamente; o cérebro do homem integra as informações sensoriais em percepções de maneira automática; mas o processo de integrar percepções em conceitos – o processo de abstração e de formação de conceitos – não é automático.

O processo de formação de conceitos não consiste, simplesmente, em compreender algumas abstrações simples, como "cadeira", "mesa", "quente", "frio", e em aprender a falar. Consiste em um método para usar a consciência, a que chamamos de "conceitualização". Não é um estado passivo de registro de impressões aleatórias. Pelo contrário, é um processo sustentado ativamente para identificar nossas impressões em termos conceituais, integrar cada evento e cada observação em um contexto conceitual, compreender relações, diferenças e semelhanças em nosso material perceptivo e de abstraí-los em novos conceitos. É um processo de traçar inferências, fazer deduções, alcançar conclusões, fazer novas perguntas e descobrir novas respostas, ampliando o conhecimento pessoal de forma sempre crescente. A faculdade que dirige esse processo, a faculdade que opera por meio de conceitos, é a razão. O processo se denomina *pensar*.

A razão é a faculdade que identifica e integra o material fornecido pelos sentidos do homem. É uma faculdade que o homem deve exercitar por escolha. Pensar não é uma função automática. Em cada situação ou momento de sua vida, o homem tem a liberdade para pensar ou se evadir desse esforço. Pensar requer um estado de atenção total, de completa concentração. O ato de focar nossa consciência é volitivo. O homem pode focar sua mente para atingir uma consciência total e ativa da realidade, dirigida a um objetivo. Ou, então, pode desfocá-la e se deixar levar a um torpor semiconsciente, simplesmente reagindo a qualquer estímulo casual do momento imediato, à mercê de seu mecanismo sensorial perceptivo não dirigido e de quaisquer conexões aleatórias, ou por associação, que possa, eventualmente, fazer.

Quando o homem desfoca sua mente, podemos dizer que ele está consciente em um sentido sub-humano da palavra, já que experimenta sensações e percepções. Mas, no sentido aplicável ao ser humano – no sentido de uma consciência que está ciente da realidade e está apta a lidar com ela, uma consciência capaz de direcionar as ações e prover para a sobrevivência do indivíduo – uma mente desfocada não é consciente.

Psicologicamente, a escolha de "pensar ou não pensar" é, na verdade, a escolha de "focar ou não focar". Existencialmente, a escolha de "focar ou não" é a escolha entre "ser consciente ou não". Metafisicamente, a escolha de "ser consciente ou não" é a escolha entre vida ou morte.

A consciência, para os organismos vivos que a detêm, é o meio básico de sobrevivência. Para o homem, o meio básico de sobrevivência é a razão. O homem não pode sobreviver, como fazem os animais, orientando-se por meio de meras percepções. Uma sensação de fome lhe dirá que precisa de alimento (se ele aprendeu a identificá-la como "fome"), mas não lhe dirá como obtê-lo, nem que tipo de alimento é bom ou venenoso para ele. O homem não pode suprir suas necessidades físicas mais simples sem um processo de pensamento; precisa pensar para descobrir como plantar e cultivar seu alimento, ou como fazer armas para caçar. Suas percepções podem levá-lo a uma caverna, se houver alguma disponível, porém, para construir até o abrigo mais simples, ele precisa de um processo de pensamento. Nenhuma percepção e nenhum "instinto" lhe dirão como fazer fogo, como tecer um pano, como forjar ferramentas, como fazer uma roda, como fabricar um avião, como executar uma apendicectomia, como produzir uma lâmpada elétrica, uma válvula eletrônica, um cíclotron ou uma caixa de fósforos. No entanto, sua vida depende de tal conhecimento e, apenas um ato volitivo de sua consciência, um processo de pensamento, pode supri-lo.

Entretanto, a responsabilidade do homem vai ainda mais longe: um processo de pensamento não é automático, muito menos "instintivo", involuntário ou infalível. O homem deve iniciá-lo, sustentá-lo e assumir a responsabilidade por seus resultados. Tem que descobrir o que é verdadeiro ou falso e como corrigir seus próprios erros; tem que descobrir como validar seus conceitos, suas conclusões e seu conhecimento; tem que descobrir as regras do pensamento, as leis da lógica, para direcionar seus pensamentos. A natureza não lhe dá garantia automática da eficácia de seu esforço mental.

Nada é dado ao homem na Terra, exceto um potencial e o material para realizá-lo. O potencial é uma máquina superlativa: sua consciência. Mas é uma máquina sem vela de ignição: sua própria vontade deve ser a vela, o arranque e o condutor; ele tem que descobrir como utilizá-la e como mantê-la funcionando. O material disponível é a totalidade do universo, sem limites estabelecidos para o conhecimento que ele pode adquirir, nem para o prazer da vida que ele pode desfrutar. Mas tudo de que necessita ou deseja tem que ser aprendido, descoberto e produzido por ele, por sua própria escolha, por seu próprio esforço, por sua própria mente.

Um ser que não sabe automaticamente o que é verdadeiro ou falso, não pode saber automaticamente o que é certo ou errado, o que é bom ou mau para si. No entanto, ele precisa desse conhecimento para viver, pois não está isento das leis da realidade; é um organismo específico, com uma natureza específica, que requer ações específicas para manter sua vida. Ele não pode conquistar sua sobrevivência de forma arbitrária, nem por movimentos aleatórios, por impulsos cegos, por acaso ou por capricho. É sua natureza que determina o que ele precisa para sobreviver, e isso não está aberto à sua escolha. O que está aberto à sua escolha é somente se ele o descobrirá ou não, se escolherá os objetivos e valores certos ou não. Ele é livre para fazer uma escolha errada, mas não para ter êxito com ela. Ele é livre para evadir a realidade, para desfocar sua mente e seguir cegamente qualquer caminho que preferir, mas não para evitar o abismo que se recusa a ver. O conhecimento, para qualquer organismo consciente, é o seu meio de sobrevivência; para uma consciência viva, cada "é" implica um "deveria". O homem é livre para escolher não ser consciente, mas não para fugir da penalidade da inconsciência: a destruição. O homem é a única espécie viva que pode agir como seu próprio destruidor e é assim que ele tem agido durante a maior parte de sua história.

Quais são, então, os objetivos corretos que o homem deve perseguir? Quais são os valores que sua sobrevivência requer? Essa é a pergunta que deve ser respondida pela ciência da ética. E é por isso, senhoras e senhores, que o homem precisa de um código de ética.

Agora você pode avaliar o significado das doutrinas que dizem que a ética é o domínio do irracional, que a razão não pode guiar a vida do homem, que seus objetivos e valores devem ser escolhidos pelo voto ou pelo capricho – que a ética nada tem a ver com a realidade, com a existência, com as suas ações e preocupações práticas – ou que o objetivo da ética está além do túmulo, de que os mortos precisam de ética, e não os vivos.

A ética não é uma fantasia mística, nem uma convenção social ou um luxo subjetivo e dispensável, que pode ser trocado ou descartado em qualquer emergência. A ética é uma necessidade metafísica e objetiva da sobrevivência do homem – não pela graça do sobrenatural, de seus vizinhos ou de seus caprichos, mas pela graça da realidade e da natureza da vida.

Cito do discurso de Galt:

> Afirma-se que o homem é um ser racional, porém a racionalidade é uma questão de opção – e as alternativas que sua natureza lhe oferece são estas: um ser racional ou um animal suicida. O homem tem que ser homem – por escolha, ele tem que ter sua vida como um valor; por escolha, tem que aprender a preservá-la; por escolha; tem que descobrir os valores que ela requer e praticar suas virtudes. Por *escolha*.
>
> Um código de valores aceito por escolha é um código moral[4].

O padrão de valor da ética objetivista, o padrão pelo qual alguém julga o que é bom ou mau, é a vida do homem, ou seja, aquilo que é requerido para a sobrevivência do homem enquanto homem.

Dado que a razão é o meio básico de sobrevivência do homem, aquilo que é apropriado para a vida de um ser racional é o bem; aquilo que a nega, que se opõe a ela ou a destrói, é o mal.

Dado que tudo que o homem necessita tem que ser descoberto por sua própria mente e produzido por seu próprio esforço, os dois fatores essenciais do método de sobrevivência apropriado a um ser racional são: pensamento e trabalho produtivo.

Se alguns homens escolhem não pensar, mas sobreviver imitando e repetindo, como animais adestrados, as rotinas dos sons e movimentos que aprenderam de outros, sem fazer esforço para compreender seu próprio trabalho, ainda assim, continua sendo verdade que sua sobrevivência só é tornada possível por aqueles que efetivamente escolheram pensar e descobrir os movimentos que repetem. A sobrevivência desses parasitas mentais depende de pura sorte; suas mentes desfocadas são incapazes de saber a quem imitar, quais movimentos é seguro seguir. Eles são os homens que marcham em direção ao abismo, rastejando atrás de cada destruidor que lhes promete assumir a responsabilidade de que fogem: a responsabilidade de serem conscientes.

---

[4] RAND, Ayn. *A Revolta de Atlas. Op. cit.*, Vol. III, p. 336.

Se alguns homens tentam sobreviver por meio da força bruta ou da fraude, saqueando, roubando, trapaceando ou escravizando os homens que produzem, ainda assim, é verdade que sua sobrevivência só é possível devido ao esforço realizado por suas vítimas, por aqueles homens que escolhem pensar e produzir os bens que eles, os saqueadores, confiscam. Esses saqueadores são parasitas incapazes de sobreviver, que existem destruindo aqueles que são capazes, aqueles que perseguem o curso de ação correto para o homem.

Os homens que tentam sobreviver, não por meio da razão, mas por meio da força, estão tentando sobreviver pelo método dos animais. Mas, assim como os animais não são capazes de sobreviver usando o método das plantas, rejeitando a locomoção e esperando que o solo os alimente, o homem, também, não pode sobreviver usando o método dos animais, rejeitando a razão e contando com homens produtivos que sirvam como suas presas. Esses saqueadores podem alcançar seus objetivos por pouco tempo, à custa da destruição de suas vítimas e de si mesmos. Como prova, ofereço-lhe qualquer criminoso ou ditador.

O homem não pode sobreviver como um animal, agindo segundo a necessidade do momento. A vida de um animal consiste em uma série de ciclos separados, sempre repetidos, como o ciclo de criar os seus filhotes, ou de armazenar alimento para o inverno. Uma consciência animal não pode integrar toda a duração de sua vida, só pode integrar um desses ciclos para logo começar um novo, sem conexão com o passado. A vida do homem é um todo contínuo; para o bem ou para o mal, cada dia, ano e década de sua vida contém o somatório de todos os dias que ele já viveu. Ele pode modificar suas escolhas, é livre para mudar seu curso de ação, inclusive, em muitos casos, é livre para reparar as consequências de seu passado, mas não é livre para escapar delas, nem para viver sua vida impunemente segundo as necessidades do momento, como um animal, um *playboy* ou um marginal. O homem que quiser ser bem-sucedido na tarefa da sobrevivência, não sendo suas ações dirigidas para sua destruição, deve escolher seu caminho, seus objetivos e seus valores no contexto e na duração de uma vida. Nenhuma sensação, percepção, impulso ou "instinto" pode fazê-lo; apenas a mente pode.

Esse é o significado da definição: "aquilo que é requerido para a sobrevivência do homem enquanto homem". Isto não significa uma sobrevivência momentânea ou meramente física, como a de um brutamontes irracional que espera que outro brutamontes esmague seu crânio. Não significa a sobrevivência física momentânea de uma massa de músculos rastejante, disposta a aceitar qualquer condição, obedecer a qualquer criminoso e se render a quaisquer valores, contanto que se obtenha o que chama de "sobrevivência a qualquer preço", que pode ou não durar uma semana ou um ano. A "sobrevivência do homem enquanto homem" significa os termos, métodos, condições e objetivos requeridos para a sobrevivência de um ser racional durante toda a sua vida, em todos os aspectos da existência que estão abertos à sua escolha.

O homem só pode sobreviver como homem. Ele pode abandonar seus meios de sobrevivência, sua mente, pode transformar-se em uma criatura sub-humana, e pode, também, converter sua vida num breve lapso de agonia – assim como seu corpo pode existir por um espaço de tempo no processo de desintegração por doença. Mas, como um sub-humano, não pode ter sucesso em alcançar nada a não ser o sub-humano, como demonstram os horrores dos períodos antirracionais da história. O homem tem que ser homem por escolha e é tarefa da ética ensiná-lo a viver como homem.

Para a ética objetivista, a vida humana é o padrão de valor – e, o propósito ético de cada indivíduo, sua própria vida.

Nesse contexto, a diferença entre "padrão" e "propósito" é a seguinte: um "padrão" é um princípio abstrato que serve como medida ou medidor para guiar as escolhas do homem para a realização de um propósito concreto e específico. "Aquilo que é requerido para a sobrevivência do homem enquanto homem" é um princípio abstrato aplicável a cada homem, individualmente. A missão de aplicar esse princípio a um propósito concreto e específico – o propósito de viver uma vida adequada a um ser racional – pertence a cada homem individualmente, pois a vida que ele tem que viver é a sua própria.

O homem deve escolher suas ações, valores e objetivos pelo padrão daquilo que é apropriado para o homem a fim de alcançar, manter, satisfazer e usufruir esse valor último, esse fim em si mesmo, que é sua própria vida.

Valor é aquilo que alguém age para obter e/ou manter – virtude é o meio pelo qual alguém o obtém e/ou mantém. Os três valores primordiais da ética objetivista – que, juntos, são os meios para e a realização em si do valor último de uma pessoa, ou seja, a própria vida – são: razão, propósito e autoestima, com suas três virtudes correspondentes: racionalidade, produtividade e orgulho.

O trabalho produtivo é o propósito fundamental da vida de um homem racional, o valor central que integra e determina a hierarquia de todos seus outros valores. A razão é a fonte, a condição prévia de seu trabalho produtivo; orgulho é o resultado.

Racionalidade é a virtude básica do homem, a fonte de todas as suas outras virtudes. O vício básico do homem, a origem de todos os seus males, é o ato de desfocar sua mente, a suspensão de sua consciência. Não é cegueira, mas a recusa de ver, e não é ignorância, mas a recusa de saber. A irracionalidade é a rejeição do meio de sobrevivência do homem e, portanto, um compromisso com um rumo de destruição cego. Aquilo que é contra a mente é contra a vida.

A virtude da *racionalidade* significa o reconhecimento e aceitação da razão como sua única fonte de conhecimento, seu único juízo de valores e seu único guia de ação. Significa seu total comprometimento com um estado de atenção pleno e consciente, com a manutenção de um foco mental completo em todas as questões, em todas as escolhas, em todas as horas. Significa um compromisso com a mais completa percepção da realidade dentro de suas possibilidades e com a expansão ativa e constante de sua percepção, isto é, de seu conhecimento. Significa um compromisso com a realidade de sua própria existência, ou seja, com o princípio de que todos os seus objetivos, valores e ações acontecem dentro da realidade e que, portanto, não deve, jamais, colocar qualquer valor ou consideração acima de sua percepção da realidade. Significa um compromisso com o princípio de que todas as suas convicções, valores, objetivos, desejos e ações devem ser baseados e derivados de um processo de pensamento escolhido e validado — um processo de pensamento tão preciso e escrupuloso, dirigido por uma aplicação implacavelmente rígida da lógica, quanto a sua total capacidade mental permitir. Significa sua aceitação da responsabilidade de formar seus próprios julgamentos e de viver pelo trabalho de sua própria mente (que é a virtude da *independência*). Significa que não deve nunca sacrificar suas convicções às opiniões ou desejos de outros (que é a virtude da *integridade*); que nunca deve tentar falsear a realidade de qualquer forma (que é a virtude da *honestidade*); que nunca deve procurar ou conceder o que não obteve ou mereceu, seja em matéria ou em espírito (que é a virtude da *justiça*). Significa que nunca deve desejar efeitos sem causas, e que nunca deve decretar uma causa sem assumir a total responsabilidade por seus efeitos; que nunca deve agir como um zumbi, ou seja, sem saber seus próprios propósitos e motivos; que nunca deve tomar qualquer decisão, formar qualquer convicção ou procurar qualquer valor fora de contexto, isto é, separado ou em contradição com a soma total e integrada de seu conhecimento. Acima de tudo, que nunca deve procurar evadir-se com contradições. Significa rejeitar toda e qualquer forma de misticismo, ou seja, qualquer apelação a alguma fonte de conhecimento não sensorial, não racional, não definível, sobrenatural. Significa comprometer-se com a razão, não em momentos esporádicos, em questões selecionadas, ou em emergências especiais, mas como uma filosofia de vida permanente.

A virtude da *produtividade* é o reconhecimento do fato de que o trabalho produtivo é o processo pelo qual a mente humana sustenta sua vida, o processo que liberta o homem da necessidade de ajustar-se ao seu ambiente, como fazem todos os animais, e que lhe dá o poder de ajustar o meio ambiente a si próprio. O trabalho produtivo é o caminho da realização ilimitada do homem, e exige os maiores atributos de seu caráter: sua habilidade criativa, sua ambição, sua autoassertividade, sua recusa em suportar desastres que ele não provocou, sua dedicação ao objetivo de transformar a Terra na imagem de seus valores. "Trabalho produtivo" não significa a realização inconsciente dos movimentos de alguma tarefa. Significa a busca de uma carreira produtiva, escolhida conscientemente, em qualquer linha de empenho racional, grande ou modesta, e em qualquer nível de habilidade. O eticamente relevante aqui não é o grau de habilidade de um homem, nem o nível de extensão de seu trabalho, mas o mais completo e o mais resoluto uso de sua mente.

A virtude do *orgulho* é o reconhecimento do fato de que, *"assim como o homem deve produzir os valores físicos de que necessita para se manter vivo, ele também precisa adquirir os valores do caráter que tornam sua vida merecedora de existir, de que, assim como o homem é um ser que cria a própria riqueza, ele também cria a própria alma"*[5]. A virtude do *orgulho* pode ser mais bem descrita pelo termo "ambição moral". Significa que um indivíduo deve conquistar o direito de considerar a si próprio como seu valor mais elevado por meio da realização de sua própria perfeição moral, que é conquistada ao, jamais, aceitar códigos de virtudes irracionais impossíveis de praticar e nunca deixando de praticar as virtudes reconhecidamente racionais. É conquistada ao, jamais, aceitar uma culpa imerecida e nunca merecendo alguma, ou, se efetivamente a mereceu, não deixando de corrigi-la; nunca se resignando passivamente diante de qualquer falha em seu caráter, não colocando, jamais, nenhuma preocupação, desejo, medo ou estado de espírito momentâneo acima da realidade de sua própria autoestima. E, acima de tudo, significa a rejeição do papel de animal de sacrifício, isto é, a rejeição de qualquer doutrina que pregue a autoimolação como virtude ou dever moral.

O princípio social básico da ética objetivista é que, assim como a vida é um fim em si mesma, todo ser humano vivo também é um fim em si mesmo, não o meio para os fins ou o bem-estar dos outros. E, portanto, que o homem deve viver em benefício próprio, sem se sacrificar pelos outros e sem sacrificar os outros para seu benefício. Viver para seu próprio bem significa que o propósito moral mais elevado do homem é a conquista de sua própria felicidade.

Em termos psicológicos, a questão da sobrevivência do homem não confronta sua consciência como uma questão de "vida ou morte", mas como uma questão de "felicidade ou sofrimento". A felicidade é o estado de triunfo da vida, o sofrimento é o sinal de alerta do fracasso, da morte. Assim como o mecanismo prazer-dor do corpo humano é um indicador automático do bem-estar ou dano de seu organismo, um termômetro de sua alternativa básica, vida ou morte, também, o mecanismo emocional de sua consciência está programado para executar a mesma função, como um termômetro que registra a mesma alternativa por meio de

---

[5] RAND, Ayn. *A Revolta de Atlas. Op. cit.*, Vol. III, p. 343.

duas emoções básicas: alegria ou sofrimento. As emoções são os resultados automáticos dos julgamentos de valor do homem integrados por seu subconsciente, as estimativas daquilo que promove ou ameaça seus valores, daquilo que está a favor ou contra ele – calculadoras ultrarrápidas que dão a soma de seu lucro ou prejuízo.

Mas, enquanto o padrão de valor que opera o mecanismo de prazer-dor físico do corpo humano é automático e inato, determinado pela natureza de seu organismo, o mesmo não ocorre com o padrão de valor que opera seu mecanismo emocional. Dado que o homem não adquire conhecimento automático, tampouco pode ter valores automáticos. Como não tem ideias inatas, tampouco, pode ter juízos de valor inatos.

O homem nasce com um mecanismo emocional, assim como nasce com um mecanismo cognitivo; mas, ao nascer, ambos são "tábula rasa". É a faculdade cognitiva do homem, sua mente, que determina o conteúdo de ambos. O mecanismo emocional do homem é como um computador eletrônico, que deve ser programado por sua mente, e a programação consiste nos valores que sua mente escolhe.

Mas, como o trabalho da mente do homem não é automático, seus valores, como todas as suas premissas, são produto de seu pensamento ou de suas evasões: o homem escolhe seus valores por um processo consciente de pensamento – ou os aceita por omissão, por associações subconscientes, por fé, pela autoridade de alguém, por alguma forma de osmose social ou por imitação cega. As emoções são produzidas por suas premissas, sustentadas consciente ou inconscientemente, de maneira explícita ou implícita.

O homem não tem escolha quanto à sua capacidade de sentir que algo é bom ou mau para si, mas o que ele considera bom ou mau, o que lhe dá alegria ou tristeza, o que ama ou odeia, o que deseja ou teme, depende de seu padrão de valor. Se escolhe valores irracionais, muda seu mecanismo emocional do papel de seu guardião para o papel de seu destruidor. O irracional *é* o impossível, é o que contradiz os fatos da realidade. Fatos não podem ser alterados por um desejo, mas podem destruir quem deseja. Se um homem deseja e busca contradições – se quer duas coisas incompatíveis ao mesmo tempo[6] –, ele desintegra sua consciência; transforma sua vida interior em uma guerra civil de forças ce-

---

[6] Neste trecho, Ayn Rand utiliza a expressão, em inglês, *"Failing to have a cake after one has eaten it, is not a 'compromise'"*. No contexto, ela quer dizer que o fato de "não se poder ter tudo, ou, ainda, não se conseguir duas coisas contraditórias ao mesmo tempo", não se trata de um acordo. *"You can't have your cake and eat it"* é um provérbio idiomático, ou figura de linguagem, em inglês, que, de modo geral, representa a ideia de que não se pode ter tudo ao mesmo tempo, não se pode querer o melhor de dois mundos, não se pode querer ter duas coisas incompatíveis ao mesmo tempo... Ao longo do presente livro, referenciaremos a expressão, simplesmente, como "não se pode ter duas coisas incompatíveis ao mesmo tempo". (N. R.)

gas envolvidas em conflitos sombrios, incoerentes, sem sentido nem significado (que, casualmente, é o estado interno da maioria das pessoas atualmente).

Felicidade é o estado de consciência que surge da realização dos próprios valores. Se um homem valoriza o trabalho produtivo, sua felicidade é a medida do sucesso no serviço à sua vida. Mas, se um homem valoriza a destruição, como um sádico, ou a tortura autoinfligida, como um masoquista, ou a vida além-túmulo, como um místico, ou a excitação momentânea, como um piloto de carros de corrida, sua pretensa felicidade é a medida de seu sucesso a serviço de sua própria destruição. Deve-se acrescentar que o estado emocional dos irracionalistas não pode ser adequadamente designado como felicidade ou mesmo prazer, já que é só o alívio momentâneo de seu estado crônico de terror.

A vida e a felicidade não podem ser alcançadas pela busca de caprichos irracionais. Assim como o homem é livre para tentar sobreviver por meios aleatórios, como um parasita, um vagabundo ou um saqueador, mas não para conseguir isso além do momento imediato, também é livre para buscar a felicidade em qualquer fraude irracional, qualquer capricho, qualquer ilusão, qualquer evasão impensada da realidade, mas não é livre para ter sucesso nisso, nem para fugir das consequências.

Cito do discurso de Galt:

> Felicidade é um estado de alegria não contraditória – uma alegria sem castigo nem culpa, que não entra em conflito com nenhum dos seus valores e não contribui para sua própria destruição. [...] A felicidade só pode ser atingida por um homem racional, o que não deseja objetivos que não sejam racionais, que não busca nada senão valores racionais, que só encontra prazer e alegria em atos racionais[7].

A manutenção da vida e a busca da felicidade não são duas questões distintas. Considerar a própria vida como o valor último, e a própria felicidade como o mais elevado propósito pessoal, são dois aspectos da mesma realização. Existencialmente, a atividade de perseguir objetivos racionais é a atividade de manter a própria vida. Psicologicamente, seu resultado, recompensa e concomitância é um estado emocional de felicidade. É experimentando a felicidade que se vive plenamente cada hora, ano ou a totalidade da vida. E, quando se experimenta o tipo de felicidade pura que é um fim em si mesma – o tipo que nos faz pensar "por isso, vale a pena viver", o que se saúda ou afirma em termos emocionais é o fato metafísico de que a vida é um fim em si mesma.

Mas a relação de causa e efeito não pode ser invertida. Só quando o homem aceita sua própria vida como princípio fundamental e busca os valores racionais

---

[7] RAND, Ayn. *A Revolta de Atlas. Op. cit.*, Vol. III, p. 344-45.

que ela requer, ele pode alcançar a felicidade – não tornando a "felicidade" um princípio indefinido e irredutível e, a partir disso, tentando viver por essa orientação. Se você conquistar aquilo que é bom por um padrão racional de valor, isso o fará, necessariamente, feliz; mas aquilo que o faz feliz, por algum padrão emocional indefinido, não é, necessariamente, o bom. Aceitar "qualquer coisa que o faça feliz" como um guia para suas ações significa ser guiado por caprichos emocionais. Emoções não são ferramentas de cognição. Ser guiado por caprichos, por desejos cuja origem, natureza e significado não se sabe, é transformar a si mesmo num robô cego, operado por demônios que não podem ser conhecidos (por suas velhas tentativas de evasão), um robô batendo sua própria cabeça estagnada contra as paredes da realidade que se recusa a ver.

Essa é a falácia inerente ao hedonismo – em qualquer variante do hedonismo ético, seja pessoal ou social, individual ou coletivo. A "felicidade" pode ser corretamente entendida como o propósito da ética, mas não seu padrão. A tarefa da ética é definir o código de valores correto para o homem e, deste modo, dar-lhe o meio de alcançar a felicidade. Afirmar, como fazem os éticos hedonistas, que "qualquer valor que lhe dê prazer é correto" equivale a dizer que "o valor correto pode ser qualquer coisa que você decida valorizar" – que é um ato de abdicação intelectual e filosófica, um ato que simplesmente declara a futilidade da ética e convida todos os homens a jogarem *duques selvagens*[8].

Os filósofos que tentaram elaborar um código de ética supostamente racional deram à humanidade nada mais que uma escolha de caprichos: a busca "egoísta" dos próprios caprichos, como a ética de Friedrich Nietzsche (1844-1900); ou o serviço "abnegado" aos caprichos dos outros, como a ética de Jeremy Bentham (1748-1832), John Stuart Mill (1806-1873), Auguste Comte (1798-1857) e de outros hedonistas sociais; não importando se eles permitem ao homem incluir seus próprios caprichos entre os milhões de outros, ou aconselham-no a transformar-se em uma totalmente altruísta foca "*Shmoo*"[9], pronto para ser devorado pelos outros.

---

[8] Ayn Rand utiliza a expressão "*deuces wild*", em inglês, para se referir a uma modalidade de jogo de cartas em que cada duque pode representar qualquer carta escolhida à vontade pelo jogador que o possuir. No contexto, o ato de abdicação intelectual e filosófica representaria uma escolha qualquer e deliberada como finalidade para o acaso, sem que se siga um código de valores correto e bem definido. (N. R.)

[9] Ayn Rand usa o exemplo da pseudofoca Shmoo para representar o extremo altruísmo, em que o homem se tornaria tão abnegado que estaria, constantemente, pronto a ser devorado por outros de acordo com interesses alheios. A pseudofoca Shmoo é uma personagem criada por Al Capp (1909-1979) para tiras de jornal e quadrinhos, como um animal exótico, extremamente amoroso, ingênuo e solidário, cuja primeira aparição ocorreu em 1948. Há várias especulações a seu respeito, dentre elas, a de ser uma alusão ao comunismo e ao macarthismo. Em 1979, os estúdios Hanna-Barbera relançaram a personagem em formato de desenho animado, mas sem nenhuma conotação política. (N. R.)

A ÉTICA OBJETIVISTA

Quando um desejo, seja qual for sua natureza ou causa, torna-se uma premissa ética, e a gratificação de todo desejo é tomada como um objetivo ético (como "a maior felicidade para o maior número"), os homens não têm outra escolha senão odiar, ter medo e lutar uns contra os outros, já que seus desejos e interesses, necessariamente, colidem. Se "desejo" é o padrão ético, então, o desejo de um homem de produzir e o desejo de outro de roubá-lo têm igual validade ética; o desejo de um homem ser livre, e o desejo de outro escravizá-lo, têm igual validade ética; o desejo de um homem de ser amado e admirado por suas virtudes, e o desejo de outro de amor e admiração imerecidos, têm igual validade ética. E, se a frustração de qualquer desejo constitui um sacrifício, então, um homem que possui um automóvel, que lhe é roubado, está sendo sacrificado, mas, também, está o homem que quer ou "aspira" ter um automóvel cujo proprietário se nega a dá-lo – e esses dois "sacrifícios" têm *status* ético igual. Se for assim, então, a única escolha possível para o ser humano é roubar ou ser roubado, destruir ou ser destruído, sacrificar os outros por seus desejos ou sacrificar a si mesmo pelos desejos dos outros. Portanto, a única alternativa ética do homem é ser um sádico ou um masoquista.

O canibalismo moral de todas as doutrinas hedonistas e altruístas reside na premissa de que a felicidade de um homem exige o prejuízo de outro.

Atualmente, a maioria das pessoas considera essa premissa como um absoluto inquestionável. E, quando se fala do direito do homem de existir pelo seu próprio bem, pelo seu próprio interesse racional, a maioria das pessoas supõe, automaticamente, que isso implica o seu direito de sacrificar os outros. Essa suposição é a confissão de sua própria crença de que prejudicar, escravizar, roubar ou assassinar está no autointeresse do homem – a que ele deve altruisticamente renunciar. A ideia de que o autointeresse do homem pode ser satisfeito por uma relação que não implique o sacrifício de ninguém nunca ocorreu aos apóstolos humanitários do desinteresse, que proclamam seu desejo de alcançar a fraternidade entre os homens. E não ocorrerá a eles, ou a qualquer um, contanto que o conceito "racional" seja omitido do contexto de "valores", "desejos", "interesse pessoal" e "ética".

A ética objetivista defende e apoia orgulhosamente o egoísmo racional, que significa: os valores exigidos pela sobrevivência do homem enquanto homem, ou seja, os valores exigidos pela vida humana – e não os valores produzidos pelos desejos, emoções, "aspirações", sentimentos, caprichos ou necessidades de brutamontes irracionais, que nunca superaram a prática primitiva dos sacrifícios humanos, que nunca descobriram uma sociedade industrial e que não concebem outro interesse pessoal que não seja agarrar a recompensa do momento.

A ética objetivista defende que o bem humano não requer sacrifícios humanos e não pode ser alcançado pelo sacrifício de ninguém. Sustenta que os interesses racionais dos homens não colidem – que não há conflito de interesses entre homens que não desejam o imerecido, que não fazem sacrifícios, nem os aceitam, e que lidam entre si como negociantes, trocando valor por valor.

O princípio da troca é o único princípio ético racional para todos os relacionamentos humanos, pessoais e sociais, particulares e públicos, espirituais e materiais. É o princípio da justiça.

Um negociante é um homem que merece aquilo que adquire, e não dá, nem toma, aquilo que não é merecido. Não trata os demais como senhores ou escravos, mas como seus iguais, independentes. Lida com eles por meio de uma troca livre, voluntária, não forçada nem coagida, que beneficia ambas as partes, respeitando seus julgamentos independentes. Um negociante não espera ser pago por suas negligências, mas por suas realizações. Não transfere aos outros o peso de seus fracassos e não hipoteca sua vida em servidão pelos fracassos de outros.

Em questões espirituais (por "espiritual", quero dizer "aquilo que pertence à consciência do homem"), a moeda ou o meio de troca é diferente, mas o princípio é o mesmo. Amor, amizade, respeito, admiração são a resposta emocional de um homem às virtudes de outro, o pagamento espiritual dado em troca do prazer pessoal egoísta que um homem tira das virtudes de caráter de outro. Somente um brutamontes ou um altruísta afirmaria que apreciar as virtudes de outra pessoa é um ato desinteressado, e no que diz respeito ao próprio interesse e prazer, não faz diferença se alguém trata com um gênio ou com um tolo, se encontra um herói ou um criminoso, se casa com a mulher ideal ou com uma prostituta. Nas questões espirituais, um negociante é um homem que não procura ser amado por suas fraquezas ou fracassos, apenas por suas virtudes, e que não concede seu amor pelas fraquezas e fracassos dos outros, mas apenas pelas suas virtudes.

Amar é dar valor. Apenas um homem racionalmente egoísta, que tem autoestima, é capaz de amar – porque é o único homem capaz de manter valores firmes, consistentes, descompromissados e não traídos. O homem que não dá valor a si mesmo não pode valorizar nada ou ninguém.

É somente com base no egoísmo racional, com base na justiça, que os homens podem ser aptos a conviver em uma sociedade livre, pacífica, próspera, benevolente e racional.

O homem pode tirar algum benefício pessoal da vida em sociedade? Sim, se for uma sociedade humana. Os dois grandes valores a serem obtidos de uma existência social são: conhecimento e comércio. O homem é a única espécie que pode transmitir e ampliar seu estoque de conhecimento, de geração para geração. O conhecimento potencialmente disponível a um homem é maior do que qualquer homem seria capaz de adquirir em toda a sua vida; cada homem obtém um benefício incalculável com o conhecimento descoberto pelos demais. O segundo grande benefício é a divisão do trabalho, que capacita o homem a dedicar seus esforços a um campo de trabalho em particular e a negociar com outros que se especializam em outros campos. Essa forma de cooperação permite a todos os que participam dela obter mais conhecimento, habilidade e produtividade por seus esforços do que poderiam obter se cada um tivesse de produzir tudo do que necessita em uma ilha deserta ou em uma fazenda autossuficiente.

Mas esses mesmos benefícios indicam, delimitam e definem que tipo de homens têm valor para os demais e em que tipo de sociedade: somente homens racionais, produtivos e independentes em uma sociedade racional, produtiva e livre. Parasitas, vagabundos, saqueadores, brutamontes e assassinos não têm valor algum para o ser humano – nem podem obter qualquer benefício ao viver em uma sociedade adaptada a suas necessidades, exigências e proteção, uma sociedade que os trata como animais de sacrifício e os penaliza por suas virtudes a fim de recompensá-los por seus vícios, ou seja, uma sociedade baseada na ética do altruísmo. Nenhuma sociedade pode ter valor para a vida do homem se o preço é a abdicação de seu direito à vida.

O princípio político básico da ética objetivista é: nenhum homem deve iniciar o uso de força física contra os outros. Nenhum homem, grupo, sociedade ou governo tem o direito de assumir o papel de criminoso e iniciar o uso da compulsão física contra qualquer homem. Os homens têm o direito de recorrer à força física, apenas, em retaliação e, somente, contra aqueles que iniciam seu uso. O princípio ético envolvido é simples e bem definido: é a diferença entre assassinato e legítima defesa. Um assaltante procura ganhar um valor ou riqueza matando sua vítima; a vítima não fica mais rica matando o assaltante. O princípio é: nenhum homem pode obter nenhum valor de outro recorrendo à força física.

O único propósito moral adequado de um governo é proteger direitos do homem, ou seja, protegê-lo da violência física – proteger seu direito à sua própria vida, à sua liberdade, à sua propriedade privada e à busca de sua própria felicidade. Sem o direito à propriedade, nenhum outro direito é possível.

Nesta breve palestra, não tentarei discutir a teoria política do Objetivismo. Quem tiver interesse, poderá encontrá-la descrita detalhadamente em *A Revolta de Atlas*. Direi, somente, que todo sistema político é baseado e originado em uma teoria ética – e que a ética objetivista é a base moral requerida pelo sistema político-econômico que, hoje, está sendo destruído em todo o mundo, precisamente, pela falta de uma defesa filosófica e de uma validação moral: o sistema norte-americano original, o capitalismo. Se ele perecer, será por negligência, sem ter sido descoberto nem identificado; nenhum outro tema foi tão encoberto por tantas distorções, conceitos errôneos e descrições enganosas. Hoje em dia, poucas pessoas sabem o que é o capitalismo, como ele funciona e qual foi sua verdadeira história.

Quando digo "capitalismo", quero dizer um capitalismo completo, puro, não controlado e desregulamentado do tipo *laissez-faire* – com uma separação clara entre Estado e economia, do mesmo modo e pelas mesmas razões da separação entre Estado e igreja. Um sistema puro de capitalismo nunca existiu, nem sequer nos Estados Unidos. Vários graus de controle governamental o limitaram e distorceram desde o início. O capitalismo não é um sistema do passado, é o sistema do futuro – se a humanidade tiver um futuro.

Para quem tiver interesse na história e nas causas psicológicas pelas quais os filósofos traíram o capitalismo, lembro que as discuto no ensaio de meu livro intitulado *For the New Intellectual*[10].

A presente discussão precisa ser limitada ao tema da ética. Apresentei os fundamentos mais simples de meu sistema, mas são suficientes para indicar de que maneira a ética objetivista é a moralidade da vida, em comparação às três principais escolas de teoria ética: a mística, a social e a subjetiva, que trouxeram o mundo ao presente estado e que representam a moralidade da morte.

Essas três escolas diferem, apenas, em seu método de abordagem, não em conteúdo. Em conteúdo, são apenas variantes do altruísmo, a teoria ética que considera o homem como um animal de sacrifício, que sustenta que o homem não tem direito a existir para seu próprio interesse, que servir aos outros é a única justificativa de sua existência, e que o autossacrifício é seu dever, virtude e valor moral mais elevado. A diferença entre elas está, apenas, na decisão de quem deve ser sacrificado em favor de quem. O altruísmo considera a morte como seu objetivo básico e padrão de valor – e é lógico que as virtudes que defende sejam a renúncia, a resignação, a negação de si mesmo e qualquer outra forma de sofrimento, incluindo a autodestruição. E, obviamente, estas são as únicas coisas que os praticantes do altruísmo conseguiram e estão conseguindo agora.

Observe que essas três escolas da teoria ética são a antítese da vida, não só em conteúdo, mas, também, em seu método de abordagem.

A teoria mística da ética se baseia, explicitamente, na premissa de que o padrão de valor da ética humana se encontra no além-túmulo, regido por leis ou requisitos de uma dimensão sobrenatural; que é impossível ao homem praticar a ética, que ela é inadequada e oposta à vida do homem na Terra, e que o homem deve aceitar a culpa por isso e sofrer durante toda a sua existência terrena, e

---

[10] RAND, Ayn. *For the New Intellectual*. New York: Random House, 1961; RAND, Ayn. *For the New Intellectual*. New York: New American Library, 1963.

expiar a culpa de ser incapaz de praticar o impraticável. A Idade das Trevas e a Idade Média são o monumento existencial para essa teoria ética.

A teoria social da ética substitui Deus pela "sociedade" – e, apesar de afirmar que seu principal interesse é a vida na Terra, não é a vida do homem, não é a vida de um indivíduo, mas sim a vida de uma entidade sem corpo, o coletivo, que, em relação ao indivíduo, consiste em todos exceto ele mesmo. No que diz respeito ao indivíduo, seu dever ético é ser o escravo abnegado, sem direitos e sem voz, de qualquer necessidade, reivindicação ou exigência declaradas pelos outros. O lema *"dog eat dog"*[11] – que não é aplicável ao capitalismo – aplica-se à teoria social da ética. Os monumentos existenciais dessa teoria são a Alemanha nazista e a Rússia soviética.

A teoria subjetiva da ética não é, estritamente falando, uma teoria, mas uma negação da ética. Mais ainda, é a negação da realidade, não só da existência do homem, mas de toda a existência. Apenas o conceito de um universo fluido, plástico, indeterminado e "heraclitiano" poderia fazer uma pessoa pensar ou pregar que o homem não precisa de princípios objetivos de ação – que a realidade lhe dá um cheque em branco na questão de valores, que qualquer decisão sobre o que é bom ou mau está correta, que o capricho é um padrão moral válido e que a única dúvida é como agir com impunidade. O monumento existencial dessa teoria é o estado atual de nossa cultura.

A imoralidade dos homens não é a responsável pelo colapso que agora ameaça destruir o mundo civilizado, mas o tipo de moralidade que os homens são incitados a praticar. Os responsáveis são os filósofos do altruísmo. Eles não têm razão de estar chocados pelo espetáculo de seu próprio sucesso, nem têm direito de condenar a natureza humana; os homens os obedeceram e colocaram suas ideias morais em prática.

É a filosofia que estabelece os objetivos dos homens e determina seu rumo; só ela pode salvá-los. Hoje, o mundo enfrenta uma escolha: para a civilização sobreviver, os homens precisam rejeitar a moralidade altruísta.

Fecharei essa palestra com as palavras de John Galt, que dirijo, como ele o fez, a todos os moralistas do altruísmo, do passado ou do presente.

> Vocês vêm utilizando o medo como arma e trazendo a morte aos homens para puni-los por terem rejeitado a moralidade de vocês. Nós oferecemos a eles a vida como recompensa por aceitarem a nossa[12].

---

[11] Ayn Rand utiliza a expressão *"dog eat dog"*, em inglês, associando-a à teoria social da ética, opondo-se a essa ideia de que, nesse contexto, as atitudes do homem são marcadas por implacável interesse próprio e pode-se fazer o que quiser para ser bem-sucedido, mesmo ferindo outras pessoas. A expressão pode ser entendida, também, como "salve-se quem puder", referindo-se a situações em que todos querem ter sucesso e estão totalmente dispostos a prejudicar outras pessoas para isso, ressalvando-se que tal lema não é aplicável ao capitalismo. (N. R.)

[12] RAND, Ayn. *A Revolta de Atlas. Op. cit.*, Vol. III, p. 347.

CAPÍTULO 2

CAPÍTULO 2
SAÚDE MENTAL VERSUS MISTICISMO E AUTOSSACRIFÍCIO

Nathaniel Branden

O padrão de saúde mental, do funcionamento mental biologicamente adequado, é o mesmo que se aplica à saúde física: a sobrevivência e o bem-estar do homem. Uma mente é saudável na medida em que seu método de funcionamento permita ao homem o controle sobre a realidade que a manutenção e o progresso de sua vida requerem.

O referencial desse controle é a autoestima. Ela é a consequência, expressão e recompensa de uma mente totalmente comprometida com a razão. Faculdade que identifica e integra o material fornecido pelos sentidos, a razão é a ferramenta básica de sobrevivência do homem. O compromisso com a razão é o compromisso com a manutenção de um foco intelectual pleno, com a constante expansão do conhecimento e entendimento do indivíduo, com o princípio de que suas ações devem ser coerentes com suas convicções, que não se deve tentar falsear a realidade ou colocar qualquer consideração acima dela, que não se deve permitir contradições de si mesmo e que não se deve tentar subverter ou sabotar a função correta da consciência.

A função correta da consciência é a percepção, a cognição e o controle da ação.

Uma consciência desobstruída, uma consciência integrada, uma consciência pensante, é uma consciência saudável. Uma consciência bloqueada, uma consciência evasiva, uma consciência fragmentada por conflitos e dividida contra si mesma, uma consciência desintegrada pelo medo ou imobilizada por depressão, uma consciência dissociada da realidade, é uma consciência doente[1].

Para ter sucesso em lidar com a realidade – para perseguir e alcançar os valores que sua vida requer – o homem precisa de autoestima: precisa confiar em sua eficácia e em seu próprio valor.

Ansiedade e culpa, os antípodas da autoestima e a insígnia da doença mental, são os desintegradores do pensamento, os deturpadores dos valores e os paralisadores da ação.

Quando um homem de autoestima escolhe seus valores e define seus objetivos, quando projeta propósitos de longo prazo que unificarão e guiarão suas ações, é como uma ponte lançada para o futuro, sobre a qual sua vida passará; uma ponte sustentada pela convicção de que sua mente é competente para pensar, julgar, valorizar, e de que ele merece usufruir esses valores.

Esse senso de controle sobre a realidade não é o resultado de práticas, habilidades ou conhecimentos especiais. Não depende de sucessos ou fracassos em particular. Reflete a relação fundamental do indivíduo com a realidade, a convicção de sua eficácia e valor fundamentais. Reflete a certeza de que, em essência e em princípio, ele é correto à realidade. A autoestima é uma estimativa metafísica.

É esse estado psicológico que a moralidade tradicional torna impossível, na medida em que um homem a aceita.

Nem o misticismo, nem a doutrina do autossacrifício, são compatíveis com saúde mental ou autoestima. Essas doutrinas são existencialmente e psicologicamente destrutivas.

> 1. A manutenção da sua vida e a conquista da autoestima exigem do homem o mais completo exercício de sua razão – mas a moralidade, ensinada aos homens, requer e repousa na fé.

A fé é o compromisso da consciência do indivíduo com crenças para as quais não se tem evidência sensorial ou prova racional.

Quando um homem rejeita a razão como seu padrão de julgamento, resta-lhe, apenas, um padrão alternativo: seus sentimentos. Um místico é um homem que trata seus sentimentos como ferramentas de cognição. A fé é a equação de sentimento a conhecimento.

Para praticar a "virtude" da fé, deve-se estar disposto a suspender a visão e o julgamento; deve-se estar disposto a conviver com o ininteligível, com aquilo

---

[1] Para uma discussão mais completa desta questão, veja o capítulo "Objectivism and Psychology" em meu livro *Who Is Ayn Rand?*.

que não pode ser conceitualizado ou integrado ao resto do seu conhecimento, e a induzir uma ilusão de entendimento similar a um transe. Deve-se estar disposto a reprimir a faculdade crítica e a contê-la como sua culpa; deve-se estar disposto a abafar quaisquer perguntas que surjam em protesto, a estrangular qualquer confiança na razão que busca convulsivamente afirmar sua função verdadeira como protetora da vida e da integridade cognitiva do indivíduo.

Lembre que todo o conhecimento do homem e todos seus conceitos têm uma estrutura hierárquica. A fundação e ponto de partida do raciocínio do homem são suas percepções sensoriais; por isso, ele forma seus primeiros conceitos e, então, continua construindo o edifício do seu conhecimento, identificando e integrando novos conceitos numa escala cada vez maior. Se o pensamento humano é válido, esse processo deve ser guiado pela lógica, a "arte de identificação não contraditória" – e qualquer novo conceito que ele forme deve ser integrado sem contradição à estrutura hierárquica de seu conhecimento. Introduzir na consciência qualquer ideia que não possa ser integrada, uma ideia não derivada da realidade, não validada por um processo da razão, não sujeita à análise ou julgamento racional, ou, pior, uma ideia que conflite com o resto dos seus conceitos e entendimento da realidade – é sabotar a função integradora da consciência, destruir o resto das convicções do indivíduo e matar sua capacidade de ter certeza de qualquer coisa. Esse é o significado da declaração de John Galt em *A Revolta de Atlas* de que *"a fé, esse suposto atalho que leva ao conhecimento, é, apenas, um curto-circuito que destrói a mente"*[2].

Não há maior autoilusão do que imaginar que se pode dar à razão o que é da razão, e à fé o que é da fé. A fé não pode ser circunscrita ou delimitada; renunciar a uma polegada de consciência é renunciá-la por completo. Ou a razão é um absoluto para a mente, ou não é – e, se não for, não há espaço para traçar qualquer linha, nem princípio pelo qual traçá-la, nem barreira que a fé não possa cruzar, nem parte da vida que ela não possa invadir: um indivíduo permanece racional até que, e, a menos que, seus sentimentos decretem o contrário.

A fé é a malignidade que nenhum sistema pode tolerar com impunidade; e o homem que sucumbir a ela, vai invocá-la, precisamente, nas questões em que mais precisa da razão. Quando o homem abandona a razão pela fé, quando rejeita o absolutismo da realidade, reduz ao máximo o poder absoluto de sua consciência e sua mente se torna um órgão em que não se pode mais confiar. Torna-se o que os místicos alegam que ela é: um instrumento de distorção.

2. A necessidade de autoestima do homem implica a necessidade de uma sensação de controle sobre a realidade, mas nenhum controle é possível em um universo

---

[2] RAND, Ayn. *A Revolta de Atlas. Op. cit.*, Vol. III, p. 341.

que, devido às suas próprias concessões, contém o sobrenatural, o milagroso e o sem motivo, um universo em que estamos à mercê de fantasmas e demônios, em que se deve lidar não com o desconhecido, mas com o incognoscível; nenhum controle é possível se o homem propuser, mas um fantasma dissuadi-lo; nenhum controle é possível se o universo é uma casa mal-assombrada;

3. A vida do homem e sua autoestima requerem que o objeto e a preocupação de sua consciência sejam a realidade e este mundo, mas a moralidade ensinada aos homens consiste em desprezar esta Terra e o mundo disponível à percepção sensorial, e em contemplar, no lugar, uma realidade "diferente" e "mais elevada", um reino inacessível à razão e incomunicável pela linguagem, mas atingível por meio da revelação, por processos dialéticos especiais, por aquele estado superior de lucidez intelectual conhecido pelos zen-budistas como "não mente", ou por morte.

Há, apenas, uma realidade: aquela que a razão pode conhecer. E, se o homem escolhe não percebê-la, não há mais nada para ele perceber; se ele não tem consciência deste mundo, então, não tem consciência alguma.

O único resultado da projeção mística de uma "outra" realidade é que ela incapacita psicologicamente o homem para esta. Não foi contemplando o transcendental, o inefável, o indefinível – não foi contemplando o inexistente – que o homem se ergueu da caverna e transformou o mundo material para que a existência humana fosse possível na Terra.

Se é uma virtude renunciar à mente, mas um pecado usá-la; se é uma virtude aproximar-se do estado mental de um esquizofrênico, mas um pecado estar focado intelectualmente; se é uma virtude condenar este mundo, mas um pecado torná-lo habitável; se é uma virtude mortificar a carne, mas um pecado trabalhar e agir; se é uma virtude menosprezar a vida, mas um pecado sustentá-la e desfrutá-la – logo, nenhuma autoestima, controle ou eficácia são possíveis ao homem, nada será possível para ele, exceto, a culpa e o terror de uma prisão miserável em um universo de pesadelo, um universo criado por algum sádico metafísico que o lançou num labirinto em que a porta marcada com a legenda "virtude" leva à autodestruição, e a porta marcada como "eficácia" leva à autocondenação.

4. Sua vida e autoestima requerem que o homem se orgulhe do seu poder de pensar, de sua capacidade de viver, mas a moralidade ensinada aos homens mantém o orgulho e, especificamente, o orgulho intelectual, como o mais grave dos pecados. Ensinam aos homens que a virtude começa com humildade: ao reconhecer o desamparo, a pequenez e a impotência de sua própria mente.

O homem é onisciente? – perguntam os místicos. É infalível? Então, como ousa desafiar a palavra de Deus, ou dos representantes de Deus, colocando-se como juiz de qualquer coisa?

O orgulho intelectual não é – como os místicos absurdamente sugerem – uma pretensão de onisciência ou infalibilidade. Pelo contrário, precisamente porque o homem deve lutar para obter seu conhecimento, precisamente porque a busca do conhecimento requer um esforço, os homens que assumem essa responsabilidade corretamente sentem orgulho.

Às vezes, coloquialmente, o orgulho é interpretado como um fingimento de realizações que alguém não alcançou de fato. Mas o fanfarrão, o ostentador, o homem que simula virtudes que não tem, não é orgulhoso; ele, apenas, escolheu a forma mais humilhante de revelar a sua humildade.

O orgulho é a resposta do indivíduo ao seu poder de alcançar valores, o prazer que ele sente pela própria eficácia. E é isso o que os místicos consideram como o mal.

Mas, se a dúvida, e não a confiança, é o estado moral próprio do homem; se a desconfiança em si mesmo, e não a autoconfiança, é a prova de sua virtude; se o medo, e não a autoestima, é a marca da perfeição; se a culpa, e não o orgulho, é seu objetivo; então, a doença mental é um ideal moral, os neuróticos e os psicóticos são os maiores exponentes da moralidade, e os pensadores, os realizadores, são os pecadores, aqueles que são corruptos e arrogantes demais para buscar a virtude e o bem-estar psicológico, pela crença de que eles são impróprios para existir.

A humildade é, necessariamente, a virtude básica de uma moralidade mística: é a única virtude possível para os homens que renunciaram à mente.

O orgulho tem de ser conquistado; é a recompensa pelo esforço e realização; mas, para ganhar a virtude da humildade, é necessário, apenas, abster-se de pensar – nada mais é exigido – e sente-se humilde rapidamente.

> 5. Sua vida e autoestima exigem do homem lealdade a seus valores, lealdade à sua mente e a seus julgamentos, lealdade à sua vida, mas a essência da moralidade, ensinada aos homens, consiste em autossacrifício: o sacrifício de sua mente a alguma autoridade superior, e o sacrifício de seus valores a quem quer que possa reivindicá-lo.

Nesse contexto, não é necessário analisar as quase incontáveis maldades, acarretadas pelo preceito do autossacrifício. Sua irracionalidade e destrutividade foram completamente expostas em *A Revolta de Atlas*. Mas existem dois aspectos da questão que são especialmente pertinentes ao assunto da saúde mental.

O primeiro é o fato de que o autossacrifício significa – e só pode significar – o sacrifício da mente.

Um sacrifício, é necessário lembrar, significa a renúncia de um valor maior em favor de um valor menor ou de algo sem valor. Se alguém desiste daquilo que não valoriza para obter aquilo que valoriza – ou se desiste de um valor menor para obter um valor maior – isso não é um sacrifício, mas um ganho.

Lembrem-se, ainda, de que todos os valores de um homem existem em uma hierarquia; ele valoriza algumas coisas mais do que outras e, na medida em que é racional, a ordem hierárquica de seus valores é racional, isto é, ele valoriza as coisas na proporção de sua importância a serviço de sua vida e bem-estar. Aquilo que é hostil à sua vida ou bem-estar, aquilo que é nocivo à sua natureza e necessidades enquanto ser vivo, ele desvaloriza.

Inversamente, uma das características da doença mental é uma estrutura de valores distorcida; o neurótico não valoriza as coisas de acordo com seu mérito objetivo, em relação à sua natureza e necessidades; ele, frequentemente, valoriza exatamente as coisas que o levarão à autodestruição. Julgado por padrões objetivos, está envolvido em um processo crônico de autossacrifício.

Mas, se sacrifício é uma virtude, não é o homem neurótico, mas o racional, que deve ser "curado". Ele deve aprender a violentar seu próprio julgamento racional, para inverter a ordem de sua hierarquia de valores; renunciar àquilo que sua mente escolheu como bom, para rebelar-se contra sua própria consciência e invalidá-la.

Os místicos declaram que tudo que exigem do homem é que ele sacrifique sua felicidade? Sacrificar sua felicidade é sacrificar seus desejos; sacrificar seus desejos é sacrificar seus valores; sacrificar seus valores é sacrificar seu julgamento; sacrificar seu julgamento é sacrificar sua mente – e é nada menos que isso que a crença do autossacrifício almeja e exige.

A raiz do egoísmo é o direito do homem – e necessidade – de agir segundo seu próprio julgamento. Se seu julgamento deve ser objeto de sacrifício, que tipo de eficácia, controle, liberdade de conflito ou serenidade de espírito, será possível ao homem?

O segundo aspecto pertinente aqui envolve, não apenas a crença no autossacrifício, mas todos os princípios anteriores da moralidade tradicional.

Uma moralidade irracional, uma moralidade estabelecida em oposição à natureza do homem, aos fatos da realidade e aos requisitos de sua sobrevivência, necessariamente, força os homens a aceitarem a crença de que existe um conflito inevitável entre o moral e o prático – que eles devem escolher entre ser virtuoso ou feliz, idealista ou vencedor, mas que não podem ser ambos. Essa visão estabelece um conflito desastroso no nível mais profundo do ser, uma dicotomia letal que o dilacera: força-o a escolher entre tornar-se capaz de viver e tornar-se digno de viver. Ainda, a autoestima e a saúde mental exigem que ele conquiste ambos.

Se o homem considera a vida na Terra como o bem, se julga seus valores pelo padrão daquilo que é adequado à existência de um ser racional, então, não há nenhum conflito entre os requisitos da sobrevivência e da moralidade – nenhum conflito entre ser capaz de viver e tornar-se digno de sua vida; ele atinge o segundo conquistando o primeiro. Mas há um conflito se o homem considera a renúncia a esse mundo como o bem, a renúncia à vida, à mente, à felicidade, ao seu eu. Sob uma moralidade antivida, o homem se torna merecedor de viver na mesma proporção em que se torna incapaz de viver – e, na medida em que se torna capaz de viver, torna-se indigno de viver.

A resposta dada por muitos defensores da moralidade tradicional é: "Ah, mas as pessoas não precisam ir a extremos!" – significando: "não esperamos que as pessoas sejam totalmente morais. Esperamos que introduzam algum autointeresse em suas vidas. Reconhecemos que as pessoas têm que viver, afinal de contas".

A defesa desse código de moralidade, então, é que poucas pessoas serão suicidas o bastante para tentar praticá-lo de forma consistente. A hipocrisia deve ser a protetora do homem contra suas convicções morais professadas. O que isso faz à sua autoestima?

E as vítimas que são insuficientemente hipócritas?

E a criança que se recolhe aterrorizada dentro de um universo autista porque não sabe lidar com os delírios dos pais, que lhe dizem que é culpada por natureza, que seu corpo é mau, que pensar é pecado, que fazer perguntas é blasfemo, que duvidar é depravado, e que ela tem de obedecer às ordens de um fantasma sobrenatural, pois, se não o fizer, vai queimar para sempre no inferno?

Ou a filha que sucumbe na culpa pelo pecado de não querer dedicar sua vida a cuidar do pai doente que só lhe deu motivos para sentir ódio?

Ou o adolescente que foge para a homossexualidade porque lhe foi ensinado que o sexo é mau, e que as mulheres devem ser adoradas, mas não desejadas?

Ou o empresário que sofre um ataque de ansiedade porque, após anos sendo impelido a ser econômico e trabalhador, finalmente, cometeu o pecado de ter sucesso e, agora, é avisado de que deve ser mais fácil um camelo passar pelo buraco de uma agulha do que um rico entrar no reino dos céus?

Ou o neurótico que, em completo desespero, desiste de tentar resolver seus problemas porque sempre lhe foi pregado que essa terra é o reino da miséria, da futilidade e da desgraça, onde nenhuma felicidade ou realização é possível ao homem?

Se os defensores dessas doutrinas carregam uma responsabilidade moral séria, há um grupo que talvez carregue uma responsabilidade ainda mais grave: os psicólogos e psiquiatras que veem os destroços humanos dessas doutrinas, mas que permanecem em silêncio e não protestam – que declaram que questões filosóficas e morais não lhes dizem respeito, que a ciência não pode proferir julgamentos de valor – que dão as costas para suas obrigações profissionais, declarando que um código racional de moralidade é impossível e, por meio do seu silêncio, dão a sua aprovação ao assassinato espiritual.

Março de 1963

CAPÍTULO 3

CAPÍTULO 3
A ÉTICA NAS SITUAÇÕES DE EMERGÊNCIA

Ayn Rand

Os resultados psicológicos do altruísmo podem ser observados no fato de que muitas pessoas abordam a questão da ética com perguntas como: "deve alguém arriscar a sua vida para ajudar um homem que está: a) afogando-se; b) preso em um incêndio; c) na frente de um caminhão em alta velocidade; d) prestes a cair em um abismo?".

Considere as implicações dessa abordagem. Se um homem aceita a ética do altruísmo, sofre as seguintes consequências (em proporção ao grau de sua aceitação):

1. Falta de autoestima – já que sua primeira preocupação no campo dos valores não é como viver sua vida, mas como sacrificá-la;

2. Falta de respeito pelos outros – já que considera a humanidade como um bando de mendigos condenados, implorando por ajuda de alguém;

3. Uma visão tenebrosa da existência – uma vez que acredita que os homens estão presos em um "universo malevolente", onde desastres são a preocupação primária e constante de suas vidas;

4. E, de fato, uma indiferença letárgica à ética, uma amoralidade cínica irremediável – uma vez que suas questões envolvem situações que provavelmente nunca encontrará, que não têm relação com os verdadeiros problemas de sua vida e, assim, deixam-no viver sem quaisquer princípios morais.

Ao elevar a questão de ajudar os outros à condição central e primária da ética, o altruísmo destruiu o conceito de qualquer benevolência ou boa vontade autêntica entre os homens. Doutrinou os homens com a ideia de que valorizar outro ser humano é um ato de altruísmo, implicando, assim, que um homem não pode ter interesse pessoal nos outros – que valorizar o outro significa sacrificar a si mesmo – que qualquer amor, respeito ou admiração que um homem possa sentir pelos outros não é, e não pode ser, uma fonte de seu próprio prazer, mas uma ameaça à sua existência, um cheque em branco de sacrifício assinado para os seus entes queridos.

Os homens que aceitam essa dicotomia, mas que escolhem seu outro lado, os produtos últimos da influência desumanizadora do altruísmo, são os psicopatas que não desafiam a premissa básica do altruísmo, mas proclamam sua rebelião contra o autossacrifício, anunciando que são totalmente indiferentes a qualquer ser vivo, e que não levantariam um dedo para ajudar um homem ou um cão atropelado por um motorista que fugiu sem prestar socorro (que é, geralmente, um de sua própria espécie).

A maioria dos homens não aceita nem pratica nenhum dos lados da dicotomia perversamente falsa do altruísmo, mas seu resultado é um completo caos intelectual na questão dos relacionamentos humanos adequados e em questões como a natureza, o propósito ou a extensão da ajuda possível aos outros. Atualmente, muitos homens sensatos e bem-intencionados não sabem identificar ou conceitualizar os princípios morais que motivam o seu amor, afeição ou boa vontade, e não conseguem encontrar nenhuma orientação no campo da ética, dominada pelas banalidades obsoletas do altruísmo.

Sobre a questão por que o homem não é um animal de sacrifício e por que ajudar os outros não é seu dever moral, indico ao leitor *A Revolta de Atlas*. A presente discussão diz respeito aos princípios pelos quais alguém identifica e avalia as situações que envolvem a ajuda sem sacrifício de um homem aos outros.

"Sacrifício" é a renúncia de um valor maior por um valor menor, ou algo sem valor. Assim, o altruísmo mede a virtude de um homem pelo grau até o qual ele renuncia ou trai os seus valores (já que a ajuda a um estranho ou a um inimigo é considerada mais virtuosa, menos "egoísta", do que a ajuda àqueles que ama). O princípio racional de conduta é o exato oposto: sempre aja de acordo com a hierarquia dos seus valores, e nunca sacrifique um valor maior por um menor.

Isso se aplica a todas as escolhas, incluindo as ações de um homem para com outros. Requer que se possua uma hierarquia definida de valores racionais (valores escolhidos e validados por um padrão racional). Sem essa hierarquia, nem conduta racional, nem juízos considerados de valor, nem escolhas morais são possíveis.

O amor e a amizade são valores profundamente pessoais e egoístas: o amor é uma expressão e declaração de autoestima, uma resposta aos valores de uma pessoa em outra. Ganha-se uma alegria profundamente pessoal e egoísta pela mera existência da pessoa que se ama. É a própria felicidade pessoal e egoísta que o homem busca, ganha e colhe do amor.

Um amor "abnegado", "desinteressado", é uma contradição em termos: significa que se é indiferente ao que se valoriza.

A preocupação com o bem-estar daqueles que se ama é uma parte racional do interesse egoísta. Se um homem que é perdidamente apaixonado por sua esposa gasta uma fortuna para curá-la de uma doença perigosa, seria absurdo afirmar que o faz como um "sacrifício" por ela, não por ele mesmo, e que não faz nenhuma diferença para ele, pessoal e egoisticamente, que ela viva ou morra.

Qualquer ação que um homem empreende em benefício daqueles que ama não é um sacrifício se, na hierarquia de seus valores, no contexto total das escolhas abertas a ele, conquista aquilo que é de maior importância pessoal (e racional) para ele. No exemplo acima, a sobrevivência de sua esposa é de maior valor para o marido que qualquer outra coisa que seu dinheiro possa comprar, é de maior importância para sua própria felicidade e, portanto, sua ação não é um sacrifício.

Mas suponha que ele a deixasse morrer para gastar seu dinheiro salvando as vidas de outras dez mulheres, sem que nenhuma delas significasse algo para ele – como a ética do altruísmo exigiria. Isso seria um sacrifício. Aqui, a diferença entre Objetivismo e altruísmo pode ser vista mais claramente: se o sacrifício é o princípio moral da ação, então, aquele marido deveria sacrificar a sua esposa pelo bem das outras dez mulheres. O que distingue sua esposa das outras dez? Nada além de seu valor para o marido, que tem de fazer a escolha – nada além do fato de que a felicidade dele requer a sobrevivência dela.

A ética objetivista lhe diria: seu propósito moral mais elevado é a conquista de sua própria felicidade, seu dinheiro é seu, use-o para salvar sua esposa, este é o seu direito moral e sua escolha moral e racional.

Considere a alma do moralista altruísta, que estaria pronto para dizer o contrário àquele marido, e, então, pergunte a si mesmo se o altruísmo é motivado pela benevolência.

O método apropriado para julgar quando ou se alguém deve ajudar uma outra pessoa é por referência ao seu próprio autointeresse racional e à sua própria hierarquia de valores: o tempo, dinheiro ou esforço gastos, ou o risco que se corre, devem ser proporcionais ao valor da outra pessoa em relação à sua felicidade.

Para ilustrar isso, o exemplo favorito dos altruístas: a questão de salvar uma pessoa que está se afogando. Se a pessoa a ser salva é um estranho, é moralmente apropriado salvá-la, apenas, quando o perigo à sua própria vida for mínimo; quando o perigo for grande, é imoral tentar. Apenas uma falta de autoestima poderia permitir que alguém não valorizasse a sua vida mais do que a de qualquer estranho. E, inversamente, se alguém estiver se afogando, não pode esperar que um estranho arrisque sua vida por ele, lembrando que a sua vida não pode ser tão valiosa para o estranho quanto a própria vida deste.

    Se a pessoa a ser salva não é um estranho, então, o risco que alguém estaria disposto a correr é maior em proporção à grandeza do valor da pessoa para quem a salva. Se é o homem ou a mulher que se ama, então, deve-se estar pronto para dar sua própria vida para salvá-lo(a) – pela razão egoísta de que uma vida sem a pessoa amada poderia ser insuportável.

    Inversamente, se um homem é capaz de nadar e salvar sua esposa que está se afogando, mas entra em pânico ou se entrega a um medo irracional e injustificado e a deixa afundar, então, passa sua vida na solidão e na tristeza. Ninguém o chamaria de "egoísta"; ele seria condenado moralmente por sua traição a si mesmo e a seus valores, ou seja: seu fracasso em lutar pela preservação de um valor crucial para sua própria felicidade. Lembre que os valores são aquilo que alguém age para obter e/ou manter, e que a sua própria felicidade tem que ser alcançada por seu esforço pessoal. Já que a sua felicidade é o propósito moral de sua vida, o homem que fracassa em alcançá-la por sua própria omissão, devido ao seu fracasso em lutar por ela, é moralmente culpado.

    A virtude envolvida em ajudar seus entes queridos não é "abnegação" ou "sacrifício", mas integridade. Integridade é lealdade aos seus valores e convicções; é a política de agir de acordo com os seus valores, de expressá-los, defendê-los e traduzi-los para a realidade prática. Se um homem declara amar uma mulher e, ainda assim, suas ações são indiferentes, desfavoráveis ou prejudiciais a ela, é a sua falta de integridade que o torna imoral.

    O mesmo princípio se aplica às relações entre amigos. Se o seu amigo está com problemas, você deve agir por quaisquer meios – que não sejam de sacrifício – apropriados para ajudá-lo. Por exemplo, se o seu amigo está passando fome, não é um sacrifício, mas um ato de integridade dar-lhe dinheiro para alimentação, em vez de comprar alguma bobagem insignificante para si mesmo, pois o bem-estar do seu amigo é importante na sua escala de valores pessoais. Se a bobagem significa mais do que o sofrimento do seu amigo, você não deveria fingir ser amigo dele.

    A implementação prática da amizade, afeição e amor consiste em incorporar o bem-estar (o bem-estar racional) da pessoa envolvida em sua própria hierarquia de valores e, então, agir de acordo.

A ÉTICA NAS SITUAÇÕES DE EMERGÊNCIA

Mas essa é uma recompensa que os homens têm que ganhar por meio de suas virtudes e que não pode ser concedida a meros conhecidos ou estranhos.

O que, então, deve-se conceder propriamente a estranhos? O respeito generalizado e a boa-vontade que se deve conceder a um ser humano em nome do valor potencial que ele representa – até e a menos que o perca por alguma razão.

Um homem racional não esquece que a vida é a fonte de todos os valores e, como tal, um laço comum entre os seres vivos (em oposição à matéria inanimada), que outros homens são potencialmente capazes de atingir as mesmas virtudes como suas próprias e, assim, serem de enorme valor para ele. Isso não significa que considere as outras vidas humanas intercambiáveis com a sua própria. Ele reconhece o fato de que a sua própria vida é a fonte, não apenas de todos os seus valores, mas da sua capacidade de dar valor. Portanto, o valor que concede aos outros é apenas uma consequência, uma extensão, uma projeção secundária do valor primário que é ele próprio.

> O respeito e a boa vontade que os homens de autoestima sentem em relação a outros seres humanos são profundamente egoístas; de fato, eles sentem que: "outros homens têm valor porque são da mesma espécie que eu". Ao reverenciar entidades vivas, reverenciam suas próprias vidas. Essa é a base psicológica de qualquer emoção de simpatia e qualquer sentimento de "solidariedade entre as espécies"[1].

Visto que os homens nascem como "tábula rasa" cognitiva e moralmente, um homem racional considera estranhos como inocentes até que se provem culpados, e concede-lhes essa boa vontade inicial em nome de seu potencial humano. Depois disso, ele os julga de acordo com o caráter moral que alcançaram. Se ele os achar culpados por males importantes, sua boa vontade é substituída por desprezo e condenação moral, afinal, se alguém valoriza a vida humana, não pode valorizar quem a destrói. Se ele os achar virtuosos, concederá valor pessoal e individual e reconhecimento na proporção de suas virtudes.

É com base nessa boa vontade e respeito generalizados pelo valor da vida humana que alguém ajuda estranhos em uma emergência – e apenas em uma emergência.

É importante diferenciar entre as regras de conduta em uma situação de emergência e as regras de conduta nas condições normais da existência humana. Isso não significa um padrão duplo de moralidade: o padrão e os princípios básicos permanecem os mesmos, mas sua aplicação a cada caso requer definições precisas.

---

[1] BRANDEN, Nathaniel. "Benevolence versus Altruism". *The Objectivist Newsletter* (July 1962).

Uma emergência é um evento inesperado e não escolhido, limitado no tempo, que cria condições sob as quais a sobrevivência humana é impossível – como uma inundação, um terremoto, um incêndio, um naufrágio. Em uma situação de emergência, o objetivo primário do homem é combater o desastre, escapar do perigo e restaurar as condições normais (alcançar a terra firme, apagar o incêndio etc).

Por condições "normais", quero dizer metafisicamente normais, normais na natureza das coisas e apropriadas à existência humana. Os homens podem viver na terra, mas não na água ou em meio a um incêndio violento. Como os homens não são onipotentes, é metafisicamente possível que desastres imprevisíveis os atinjam, caso em que sua única tarefa é retornar àquelas condições sob as quais suas vidas podem continuar. Por sua natureza, uma situação de emergência é temporária; se durasse, os homens pereceriam.

É somente em situações de emergência que o indivíduo deve se voluntariar para ajudar estanhos, se estiver em seu poder. Por exemplo, um homem que valoriza a vida humana e se vê em um naufrágio, deve ajudar a salvar a vida dos outros passageiros (embora não às custas de sua própria vida). Mas isso não significa que, após todos eles chegarem à costa, deve dedicar seus esforços para salvar seus companheiros de viagem da pobreza, ignorância, neurose ou quaisquer que sejam os problemas que possam ter. Tampouco significa que deveria gastar sua vida navegando os sete mares à procura de vítimas de naufrágios para salvar.

Ou, tomando um exemplo que pode ocorrer na vida cotidiana: suponhamos que você ouça dizer que o vizinho (da porta ao lado) está doente e sem dinheiro. Doença e pobreza não são emergências metafísicas, mas parte dos riscos normais da existência; mas, como o homem está temporariamente desamparado, você pode levar-lhe comida e medicamentos, se você tiver condições financeiras (como um ato de boa vontade, não de obrigação), ou pode fazer uma vaquinha com os vizinhos para ajudá-lo. Mas isso não significa que deve sustentá-lo daí em diante, nem que deva passar sua vida procurando homens famintos para ajudar.

Nas condições normais de existência, o homem deve escolher seus objetivos, projetá-los no tempo, persegui-los e alcançá-los por seu próprio esforço. Ele não pode fazê-lo se seus objetivos estiverem à mercê da necessidade alheia e devam ser sacrificados por qualquer infortúnio que aconteça a outros. Ele não pode viver sua vida pela orientação das regras aplicáveis apenas às condições sob as quais a sobrevivência humana é impossível.

O princípio de que alguém deve ajudar os homens em uma emergência não pode ser estendido para considerar todo o sofrimento humano como uma emergência e transformar o infortúnio de alguns em uma hipoteca da vida de outros.

Pobreza, ignorância, doença e outros problemas desse tipo não são emergências metafísicas. Pela natureza metafísica do homem e da existência, o homem tem que manter sua vida por seu próprio esforço; os valores de que precisa – como riqueza ou conhecimento – não lhe são dados automaticamente, como um presente da natureza, mas têm de ser descobertos e alcançados por seu próprio pensamento e trabalho. A única obrigação que alguém tem com os outros, nesse sentido, é manter um sistema social que deixe os homens livres para conquistar, ganhar e manter os seus valores.

Todo código de ética é baseado e derivado de uma metafísica, ou seja, de uma teoria sobre a natureza fundamental do universo em que o homem vive e age. A ética altruísta é baseada em uma metafísica do "universo malevolente", na teoria de que o homem, por sua própria natureza, é desamparado e condenado; que sucesso, felicidade e realização são impossíveis para ele; que emergências, desastres, catástrofes são a norma de sua vida e que seu objetivo primário é combatê-los.

Como a refutação empírica mais simples dessa metafísica – enquanto evidência do fato de que o universo material não é hostil ao homem e que catástrofes são a exceção, não a regra, de sua existência –, observe as fortunas feitas pelas seguradoras.

Observe, também, que os defensores do altruísmo são incapazes de basear sua ética em quaisquer fatos da existência normal do homem e que, sempre, oferecem situações como "bote salva-vidas" como exemplos dos quais derivar as regras de conduta moral ("o que você faria se você e outro homem estivessem em um bote salva-vidas que pode carregar apenas um?" etc).

O fato é que os homens não vivem em botes salva-vidas e que um bote não é um lugar sobre o qual basear sua metafísica.

O propósito moral da vida do homem é a conquista de sua própria felicidade. Isso não significa que ele seja indiferente a todos os homens, que a vida humana não tenha nenhum valor para ele e que não tenha motivo para ajudar outros em uma emergência. Mas significa, isto sim, que não subordina a sua vida ao bem-estar dos outros e não se sacrifica pelas necessidades deles; que o alívio do sofrimento deles não é sua preocupação primária; que qualquer ajuda que ele dê é uma exceção, não uma regra, um ato de generosidade, não de dever moral; que é marginal e incidental – assim como os desastres são marginais e incidentais no curso da existência humana – e que valores, não desastres, são o objetivo, a preocupação primária e a força motriz de sua vida.

Fevereiro de 1963

CAPÍTULO 4
OS "CONFLITOS" DE INTERESSE ENTRE OS HOMENS

Ayn Rand

Alguns estudantes do Objetivismo acham difícil entender o princípio objetivista de que "não existem conflitos de interesses entre homens racionais".

Uma pergunta típica é a seguinte: "suponha que dois homens se candidatem ao mesmo emprego. Apenas um deles pode ser contratado. Esse não é um exemplo de conflito de interesses, e não é o benefício de um deles alcançado à custa do sacrifício do outro?".

Há quatro considerações interrelacionadas envolvidas na visão dos interesses de um homem racional, mas ignoradas ou evadidas na pergunta acima e em todas as abordagens similares. Designo-as como: a) "Realidade"; b) "Contexto"; c) "Responsabilidade" e d) "Esforço".

a) Realidade – O termo "interesses" é uma abstração ampla que engloba todo o campo da ética. Inclui as questões dos valores do homem, seus desejos, seus objetivos e suas verdadeiras conquistas na realidade. Os "interesses" do homem dependem do tipo de objetivos que ele escolhe perseguir; sua escolha de objetivos depende dos seus desejos, e estes, dos seus valores – e, para um homem racional, seus valores dependem do julgamento de sua mente.

Desejos (ou sentimentos, emoções, vontades ou caprichos) não são ferramentas de cognição, não são um padrão válido de valor, nem um critério válido dos interesses do homem. O mero fato de que um homem deseja algo não constitui uma prova de que o objeto de seu desejo é bom, nem de que sua realização é, realmente, de seu interesse.

Afirmar que os interesses de um homem são sacrificados sempre que um desejo seu é frustrado é defender uma visão subjetiva de seus valores e interesses. Ou seja, acreditar que é adequado, moral e possível ao homem alcançar seus objetivos, não importando se contradizem ou não os fatos da realidade. O que significa defender uma visão mística ou irracional da existência, isto é, não merecer maior consideração.

Ao escolher seus objetivos (os valores específicos que se busca obter e/ou manter), um homem racional é guiado por seu pensamento (por um processo da razão), não por seus sentimentos ou desejos. Não considera desejos como primários irredutíveis, como garantidos, que está destinado, irresistivelmente, a perseguir. Não considera o "porque eu quero" ou "porque tenho vontade" como causa suficiente e validação de suas ações. Escolhe e/ou identifica seus desejos por um processo racional, e não age para realizar um desejo até e a menos que seja capaz de validá-lo racionalmente no contexto total de seu conhecimento e de seus outros valores e objetivos. Não age até que possa dizer: "eu quero isso porque é certo".

A Lei da Identidade (A é A) é a consideração primordial de um homem racional no processo de determinar seus interesses. Ele sabe que o contraditório é o impossível, que uma contradição não pode ser alcançada na realidade, e que a tentativa de alcançá-la pode levar apenas ao desastre e à destruição. Portanto, não se permite manter valores contraditórios, buscar objetivos contraditórios ou imaginar que a busca de uma contradição possa, algum dia, ser de seu interesse.

Apenas um irracionalista (ou místico ou subjetivista – categoria em que coloco todos aqueles que consideram a fé, os sentimentos ou desejos como o padrão de valor do homem) vive em um perpétuo conflito de "interesses". Não apenas seus supostos interesses conflitam com os de outros homens, mas também conflitam entre si.

Ninguém acha difícil descartar de uma consideração filosófica o problema de um homem que lamenta que a vida o aprisiona a um conflito irreconciliável porque ele não pode comer um bolo e, ao mesmo tempo, guardá-lo. Este problema não adquire validade intelectual ao ser expandido até envolver mais do que um bolo – mesmo que seja expandido para todo o universo, como nas doutrinas do Existencialismo, ou apenas para alguns caprichos e evasões eventuais, como na visão da maioria das pessoas sobre os seus interesses.

Quando uma pessoa atinge o estágio de afirmar que os interesses do homem conflitam com a realidade, o conceito "interesses" perde seu significado – e seu problema deixa de ser filosófico e se torna psicológico.

b) Contexto – Assim como o homem racional não sustenta nenhuma convicção fora de contexto, ou seja, sem relacioná-la ao restante de seu conhecimento, resolvendo quaisquer possíveis contradições, também, não tem ou busca nenhum desejo fora de contexto. E, desta forma, não julga o que é ou não é de seu interesse fora da conjuntura, ao sabor do momento.

O abandono de contexto é uma das principais ferramentas psicológicas de evasão. Com relação aos desejos do indivíduo, existem duas formas principais de "abandono de contexto": as questões de alcance e de meios.

Um homem racional considera seus interesses em termos de toda uma vida, e seleciona seus objetivos em consequência. Isso não significa que deva ser onisciente, infalível ou clarividente. Significa que ele não vive sua vida no curto prazo e não anda por aí como um inútil carregado ao sabor do improviso. Significa que não considera nenhum momento como separado, como um corte do contexto do resto de sua vida, e que não permite conflitos ou contradições entre os seus interesses de curto e longo prazos. Ele não se torna seu próprio destruidor buscando, hoje, um desejo que destrói todos os seus valores amanhã.

Um homem racional não cede a anseios melancólicos, por fins separados dos meios. Não mantém um desejo sem conhecer (ou aprender) e considerar os meios pelos quais deve consegui-lo. Ele sabe que a natureza não dá ao homem a satisfação automática de seus desejos, que os objetivos ou valores do homem devem ser conquistados por seu próprio esforço; que as vidas e esforços de outros homens não são sua propriedade e não estão lá para servir a seus desejos. Assim, um homem racional nunca deseja ou persegue um objetivo que não possa ser alcançado direta ou indiretamente por seu próprio esforço.

É a partir da compreensão adequada desse "indiretamente" que começa a questão social fundamental.

Viver em uma sociedade, em vez de uma ilha deserta, não libera o homem da responsabilidade de sustentar sua própria vida. A única diferença é que ele sustenta sua vida negociando seus produtos ou serviços pelos produtos ou serviços de outros. E, nesse processo de troca, um homem racional não busca ou deseja nada mais ou nada menos do que seu próprio esforço pode conseguir. O que determina seus ganhos? O livre mercado, isto é, a escolha voluntária e julgamento dos homens que desejam negociar com ele em troca de seus esforços.

Quando um homem negocia com outros, está contando, explícita ou implicitamente, com a racionalidade deles, ou seja, com a habilidade dos mesmos em reconhecer o valor objetivo de seu trabalho. Afinal, uma troca baseada em qualquer outra premissa é uma trapaça ou uma fraude. Assim, quando um homem racional persegue um objetivo em uma sociedade livre, não se coloca à mercê dos caprichos, favores ou preconceitos de outros; depende, somente, do seu próprio esforço: diretamente, fazendo trabalho objetivamente valioso, indiretamente, por meio da avaliação objetiva do seu trabalho pelos outros.

É nesse sentido que um homem racional nunca mantém um desejo ou persegue um objetivo que não possa ser alcançado por seu próprio esforço. Ele troca valor por valor. Nunca busca ou deseja o imerecido. Ao comprometer-se a alcançar um valor que requer a cooperação de muitas pessoas, nunca conta com nada mais do que sua própria habilidade em convencê-las e com sua aceitação voluntária.

Desnecessário dizer que um homem racional nunca distorce ou corrompe seus próprios padrões e julgamento para recorrer à irracionalidade, à estupidez ou à desonestidade dos outros. Ele sabe que esse caminho é suicida. Ele sabe que sua única chance prática para alcançar qualquer grau de sucesso ou qualquer coisa humanamente desejável está em lidar com quem é racional, sejam muitos ou poucos. Se, em qualquer dado conjunto de circunstâncias, alguma vitória é possível, só a razão pode conquistá-la. E, em uma sociedade livre, não importa a dificuldade da luta, é a razão que vence no final.

Dado que nunca abandona o contexto das questões com as quais lida, um homem racional aceita essa luta como de seu interesse – porque sabe que a liberdade é de seu interesse. Sabe que a luta para alcançar seus valores inclui a possibilidade de derrota. Também sabe que não há nenhuma alternativa, nem garantia automática de sucesso para o esforço do homem, nem ao lidar com a natureza, nem com outros homens. Então, não julga os seus interesses por nenhum fracasso específico, nem pelo alcance de nenhum momento em particular. Vive e julga a longo prazo, assumindo total responsabilidade de saber que condições são necessárias para a conquista de seus objetivos.

c) Responsabilidade – Esta última é a forma particular de responsabilidade intelectual da qual a maioria das pessoas foge. Essa evasão é a principal causa de suas frustrações e derrotas.

A maioria das pessoas mantém seus desejos sem qualquer contexto, já que os objetivos ficam suspensos em um vácuo nebuloso, com a neblina escondendo qualquer ideia a respeito dos meios para atingi-los. Elas se despertam mentalmente, apenas, o tempo suficiente para proferir um "eu desejo" e param por aí, e esperam, como se o resto dependesse de algum poder desconhecido.

O que elas evitam é a responsabilidade de julgar o mundo social. Consideram o mundo como dado. "Um mundo que eu nunca construí" é a essência mais profunda de sua atitude, e procuram, apenas, adequar-se, sem críticas, às exigências incompreensíveis dos desconhecidos que construíram o mundo, quem quer que sejam.

Mas humildade e arrogância são dois lados da mesma moeda psicológica. Na disposição de se entregar cegamente à mercê dos outros, existe o privilégio implícito de fazer exigências cegas aos seus mestres.

Existem inúmeras maneiras pelas quais esse tipo de "humildade metafísica" se revela. Por exemplo, há o homem que deseja ser rico, mas nunca pensa em descobrir quais meios, ações e condições são necessários para alcançar a riqueza. Quem é ele para julgar? Nunca construiu o mundo e "ninguém lhe deu uma oportunidade".

Existe a garota que deseja ser amada, mas nunca pensa em descobrir o que é o amor, que valores ele requer, e se ela possui alguma virtude pela qual possa ser amada. Quem é ela para julgar? O amor, sente ela, é um benefício inexplicável. Então, ela, simplesmente, deseja-o, sentindo que alguém a privou de sua cota na distribuição de benefícios.

Existem os pais que sofrem profunda e genuinamente porque o seu filho (ou filha) não os ama, e que, simultaneamente, ignoram, opõem-se ou tentam destruir tudo que sabem das convicções, valores e objetivos de seu filho, sem jamais pensar na conexão entre esses dois fatos, sem jamais tentar entender seu filho. O mundo que eles nunca construíram e que não ousam desafiar disse-lhes que as crianças amam seus pais automaticamente.

Existe o homem que quer um emprego, mas nunca pensa em descobrir quais qualificações o emprego exige ou em que consiste fazer um bom trabalho. Quem é ele para julgar? Ele não construiu o mundo. Alguém lhe deve uma forma de ganhar a vida. Como? De algum jeito.

Certo dia, um arquiteto europeu que é um conhecido meu estava falando sobre sua viagem a Porto Rico. Ele descreveu – com grande indignação contra o universo em geral – as condições de vida miseráveis dos porto-riquenhos. Depois, descreveu as maravilhas que a habitação moderna poderia fazer por eles, com o que sonhou em detalhes, incluindo refrigeradores elétricos e banheiros com azulejos. Perguntei: "quem pagaria por isso?" Ele respondeu, com um tom de voz ligeiramente ofendido: "Oh, não sou eu quem tem que se preocupar com isso! A tarefa de um arquiteto é só projetar o que deveria ser feito. Deixe que outra pessoa se preocupe com o dinheiro".

Essa é a psicologia de onde vieram todas as "reformas sociais" ou "assistencialismo" ou "experimentos nobres" ou a destruição do mundo.

Ao abandonar a responsabilidade pelos próprios interesses e pela vida, um homem abandona a responsabilidade de alguma vez ter que considerar os interesses e vidas dos outros – daqueles outros que vão, de alguma forma, proporcionar a satisfação de seus desejos.

Quem quer que permita um "de algum jeito" em sua visão dos meios pelos quais seus desejos devem ser alcançados, é culpado daquela "humildade metafísica" que, psicologicamente, é a premissa de um parasita. Como Nathaniel Branden destacou em uma palestra, "de algum jeito", sempre, significa "alguém".

d) Esforço – Já que um homem racional sabe que deve alcançar seus objetivos por seu próprio esforço, ele sabe que nem riqueza, nem empregos ou quaisquer valores humanos existem em uma quantidade dada, limitada, estática, esperando para ser dividida. Ele sabe que todos os benefícios têm que ser produzidos, que o ganho de um homem não representa a perda de outro, que a realização de um homem não é obtida às custas daqueles que não a alcançaram.

Portanto, ele nunca imagina ter nenhum tipo de reivindicação imerecida ou unilateral sobre qualquer ser humano e nunca deixa seus interesses à mercê de qualquer pessoa ou de um único fato específico. Pode precisar de clientes, mas não de um cliente em particular; pode precisar de um emprego, mas não de um emprego específico.

Se encontra concorrência, ele a enfrenta, ou escolhe outro tipo de trabalho. Não existe um emprego tão lento que um desempenho melhor e mais habilidoso passe despercebido e não apreciado; não em uma sociedade livre. Pergunte a qualquer gerente de empresa.

Apenas os representantes passivos e parasíticos da escola da "metafísica da humildade" consideram todo concorrente como uma ameaça, porque o pensamento de conquistar uma posição por mérito pessoal não faz parte de sua visão de vida. Consideram a si mesmos como mediocridades intercambiáveis que nada têm a oferecer, e que lutam em um universo "estático" para obter de alguém favores sem causa.

Um homem racional sabe que não vive por meio de "sorte", "acaso" ou favores, que não existe algo como uma "única chance" ou única oportunidade, e que isto é garantido precisamente pela existência da concorrência. Ele não considera qualquer objetivo ou fato específico, ou valor, como insubstituível. Sabe que apenas pessoas são insubstituíveis – apenas aquelas que se ama.

Também sabe que não existem conflitos de interesses entre homens racionais, nem mesmo na questão do amor. Como qualquer outro valor, o amor não é uma quantidade estática a ser dividida, mas uma resposta ilimitada a ser merecida. O amor por um amigo não é uma ameaça ao amor por outro, nem o amor por vários membros de sua família, supondo que eles o mereçam. A forma mais exclusiva – o amor romântico – não é uma questão de concorrência. Se dois homens estão apaixonados pela mesma mulher, o que ela sente por qualquer um deles não é determinado pelo que ela sente pelo outro, tampouco é tirado dele. Se ela escolhe um, o "perdedor" não poderia ter tido o que o "vencedor" ganhou.

É somente entre indivíduos irracionais e motivados por emoções, cujo amor é divorciado de quaisquer padrões de valor, que rivalidades ocasionais, conflitos acidentais e escolhas cegas prevalecem. Mas, então, quem vence não ganha muito. Entre os movidos pela emoção, nem o amor, nem qualquer outra emoção tem qualquer significado.

Em essência, essas são as quatro principais considerações envolvidas na visão de um homem racional sobre os seus interesses.

Agora, retornemos à pergunta originalmente feita – sobre dois homens se candidatando para o mesmo emprego – e observemos de que forma ela ignora ou se opõe a estas quatro considerações.

a) Realidade – O simples fato de que dois homens desejam o mesmo emprego não constitui prova de que qualquer um deles esteja qualificado para ele ou o mereça, e de que seus interesses sejam prejudicados se não o obtiver;

b) Contexto – Ambos deveriam saber que, se desejam o mesmo emprego, seu objetivo só se torna possível pela existência de um negócio capaz de prover emprego – que esse negócio exige a disponibilidade de mais de um candidato a qualquer vaga – que, se houvesse apenas um candidato, ele não conseguiria o emprego, porque o negócio teria que fechar suas portas – e que sua concorrência pelo emprego é de seu interesse, mesmo que um deles saia perdendo nesse conflito em particular;

c) Responsabilidade – Nenhum homem tem o direito moral de declarar que não quer considerar todas estas coisas, apenas quer um emprego. Ele não tem direito a nenhum desejo ou qualquer "interesse" sem o conhecimento do que é necessário para tornar sua realização possível;

d) Esforço – Quem quer que consiga o emprego, mereceu-o (supondo que a escolha do empregador tenha sido racional). Esse benefício se deve ao seu próprio mérito – não ao "sacrifício" de outro homem que nunca teve nenhum direito adquirido sobre o emprego. O fracasso em dar a um homem o que nunca lhe pertenceu dificilmente pode ser descrito como "sacrificar seus interesses".

Toda a discussão acima se aplica, apenas, a relações entre homens racionais e, apenas, a uma sociedade livre. Em uma sociedade livre, ninguém tem de lidar com os que são irracionais. Um indivíduo é livre para evitá-los.

Em uma sociedade sem liberdade, nenhuma busca de qualquer interesse é possível a quem quer que seja; nada é possível, exceto, a destruição gradual e geral.

Agosto de 1962

CAPÍTULO 5

CAPÍTULO 5
NÃO SOMOS TODOS EGOÍSTAS?

Nathaniel Branden

Normalmente, essa pergunta é feita de diferentes formas como objeção àqueles que defendem uma ética do egoísmo racional. Por exemplo, diz-se com frequência: "cada um faz o que realmente quer fazer – do contrário, não o faria". Ou: "ninguém se sacrifica realmente. Já que toda ação proposital é motivada por algum valor ou objetivo que o agente deseja, age-se, sempre, de forma egoísta, sabendo-se ou não".

Para esclarecer a confusão intelectual envolvida nesse ponto de vista, consideremos quais fatos da realidade dão origem a tal questão como egoísmo *versus* autossacrifício, ou egoísmo *versus* altruísmo, e o que o conceito de "egoísmo" significa e implica.

A questão do egoísmo versus autossacrifício surge em um contexto ético. A ética é um código de valores que guia as escolhas e ações do homem – as escolhas e ações que determinam o propósito e o rumo de sua vida. Ao escolher suas ações e objetivos, o homem encara alternativas constantes. Fazer uma escolha requer um padrão de valor – um propósito a que suas ações devem servir ou visar. "'Valor' pressupõe uma resposta à pergunta: de valor para quem e para quê?"[1] Qual deve ser o objetivo ou propósito das ações de um homem? Quem deve ser o beneficiário pretendido de suas ações? Deve ele manter, como seu propósito moral básico, a conquista de sua própria vida e felicidade, ou seu propósito moral primário deveria ser servir aos desejos e necessidades de outros?

---

[1] RAND, Ayn. *A Revolta de Atlas. Op. cit.*, Vol. III, p. 335.

O conflito entre egoísmo e altruísmo reside nas suas respostas conflitantes a essas perguntas. O egoísmo sustenta que o homem é um fim em si mesmo; o altruísmo, que o homem é um meio para os fins de outros. O egoísmo sustenta que, moralmente, o beneficiário de uma ação deveria ser a pessoa que age; o altruísmo sustenta que, moralmente, o beneficiário de uma ação deveria ser algum outro, mas não a pessoa que age.

Ser egoísta é ser motivado pela preocupação com os próprios interesses. Isso exige que se considere o que constitui os autointeresses de um indivíduo e como alcançá-los – que valores e objetivos perseguir, que princípios e políticas adotar. Se um homem não estiver preocupado com essa questão, não se pode dizer, objetivamente, que se interessa ou deseja seu autointeresse; não é possível se interessar ou desejar aquilo que não se conhece.

O egoísmo implica: a) uma hierarquia de valores estabelecida pelo padrão de seu autointeresse, e b) a recusa em sacrificar um valor maior por um menor ou por algo sem valor.

Um homem genuinamente egoísta sabe que somente a razão pode determinar o que é, de fato, de seu autointeresse, que buscar contradições ou tentar agir em negação dos fatos da realidade é autodestrutivo – e a autodestruição não é de seu autointeresse.

> Pensar é do autointeresse do homem; interromper sua consciência, não. Escolher os seus objetivos no contexto pleno de seu conhecimento, seus valores e sua vida, é do autointeresse do homem; agir pelo impulso do momento, sem considerar o seu contexto de longo prazo, não é. Existir como um ser produtivo é do autointeresse do homem; tentar existir como um parasita, não é. Buscar a vida adequada à sua natureza é do autointeresse do homem; buscar viver como um animal, não é[2].

Como um homem genuinamente egoísta escolhe seus objetivos guiado pela razão – e porque os interesses de homens racionais não conflitam –, outros homens podem se beneficiar, frequentemente, de suas ações. Mas o benefício de outros homens não é seu propósito ou objetivo primário; seu próprio benefício é seu propósito primário e o objetivo consciente que orienta suas ações.

Para deixar esse princípio totalmente claro, consideremos um exemplo extremo de uma ação que é, na verdade, egoísta, mas que, convencionalmente, poderia ser chamada de autossacrifício: a disposição de um homem para morrer a fim de salvar a vida da mulher que ama. De que forma esse homem seria o beneficiário de sua ação?

---

[2] BRANDEN, Nathaniel. *Who Is Ayn Rand?* New York: Random House, 1962; BRANDEN, Nathaniel. *Who Is Ayn Rand?* New York: Paperback Library, 1964.

NÃO SOMOS TODOS EGOÍSTAS?

A resposta é dada em *A Revolta de Atlas* – na cena em que Galt, sabendo que está prestes a ser preso, diz a Dagny:

> Se tiverem a mais leve suspeita do que nós representamos um para o outro, vão torturar você – e me refiro a tortura física, mesmo – na minha frente, em menos de uma semana. Não vou esperar que isso aconteça. Quando fizerem a primeira ameaça a você, eu me suicido imediatamente. [...] Nem é preciso que eu lhe diga que, se eu for levado a fazer isso, não será um ato de autossacrifício. Recuso-me a viver sob as condições impostas por eles, recuso-me a obedecer e a ver você suportando um assassinato lento. Não haverá mais valores para eu buscar depois disso, e me recuso a viver sem valores[3].

Se um homem ama tanto uma mulher que não deseja sobreviver à morte dela, se a vida não pode ter nada mais a oferece-lo a esse preço, então, morrer para salvá-la não é um sacrifício.

O mesmo princípio se aplica a um homem preso a uma ditadura que, voluntariamente, arrisca-se a morrer para alcançar a liberdade. Chamar esse ato de "autossacrifício" seria supor que ele preferiria viver como escravo. O egoísmo de um homem que está disposto a morrer, se necessário, lutando por sua liberdade, está no fato de que ele não está disposto a seguir vivendo em um mundo onde não é mais capaz de agir de acordo com seu próprio julgamento, isto é, um mundo onde condições humanas de existência já não são possíveis para ele.

O egoísmo ou altruísmo de uma ação deve ser determinado objetivamente, e não pelos sentimentos da pessoa que age. Assim como os sentimentos não são ferramentas de cognição, também não são um critério na ética.

Obviamente, para agir, o indivíduo deve ser movido por algum motivo pessoal; deve "querer", de certa maneira, desempenhar a ação. A questão do egoísmo ou altruísmo de uma ação depende não do fato de o indivíduo querer ou não realizá-la, mas apenas do porquê quer realizá-la. Por que padrão a ação foi escolhida? Para alcançar qual objetivo?

Se um homem declarasse sentir que beneficiaria mais os outros ao roubá-los e assassiná-los, os homens não estariam dispostos a reconhecer que suas ações eram altruístas. Pela mesma lógica e razões, se um homem segue um curso de autodestruição cega, seu sentimento de que ele tem algo a ganhar com isso não caracteriza suas ações como egoístas.

Se motivada, unicamente, por seu senso de caridade, compaixão, dever ou altruísmo, uma pessoa renuncia a um valor, desejo ou objetivo em favor do prazer, desejos ou necessidades de uma outra pessoa a quem valoriza menos

---

[3] RAND, Ayn. *A Revolta de Atlas. Op. cit.*, Vol. III, p. 417.

do que aquilo a que renunciou, esse é um ato de autossacrifício. O fato de uma pessoa poder sentir que "quer" fazê-lo não torna sua ação egoísta ou estabelece objetivamente que ela é beneficiária da ação.

Suponha, por exemplo, que um filho escolha a carreira que deseja por critérios racionais, mas, então, renuncie a ela para agradar sua mãe, que prefere que siga uma carreira diferente, com mais prestígio aos olhos dos vizinhos. O garoto acata o desejo de sua mãe por aceitar que esse é seu dever moral: acredita que sua obrigação como filho consiste em colocar a felicidade de sua mãe acima da sua própria, mesmo sabendo que o pedido da mãe é irracional, e mesmo sabendo que está condenando a si mesmo a uma vida de sofrimento e frustração. Para os defensores da doutrina "todos são egoístas", é absurdo declarar que, já que o garoto está motivado pelo desejo de ser "virtuoso" ou de evitar culpa, nenhum autossacrifício está envolvido, e sua ação é verdadeiramente egoísta. O que se evita é perguntar por que o garoto sente e deseja isso. Emoções e desejos não são premissas irredutíveis, sem causa: são o produto das premissas que aceitamos. O garoto "quer" renunciar à sua carreira apenas porque aceitou a ética do altruísmo; acredita que é imoral agir a favor de seu próprio interesse. Esse é o princípio que dirige suas ações.

Os defensores da doutrina "todos são egoístas" não negam que, sob a pressão da ética altruísta, os homens podem agir intencionalmente contra sua própria felicidade de longo prazo. Simplesmente afirmam que, em algum sentido maior, indefinível, esses homens ainda estão agindo "egoisticamente". Uma definição de "egoísmo" que inclui e permite a possibilidade de agir intencionalmente contra sua felicidade de longo prazo é uma contradição em termos.

É apenas o legado do misticismo que permite aos homens imaginar que ainda estão falando algo com sentido quando dizem que se pode buscar a felicidade renunciando à felicidade.

A falácia básica do argumento "todos são egoístas" consiste em um equívoco extraordinariamente brutal. É um truísmo psicológico, uma tautologia, pelo qual todo comportamento proposital é motivado. Mas igualar "comportamento motivado" com "comportamento egoísta" é apagar a distinção entre um fato elementar da psicologia humana e o fenômeno da escolha ética. É fugir do problema central da ética: o que motiva o homem?

Um egoísmo genuíno – ou seja, uma preocupação genuína em descobrir o que é do autointeresse do indivíduo, uma aceitação da responsabilidade de conquistá-lo, uma recusa a jamais traí-lo ao agir por caprichos cegos, estado de espírito, impulso ou sentimento do momento, uma lealdade intransigente a juízos, convicções e valores próprios – representa uma profunda conquista moral.

NÃO SOMOS TODOS EGOÍSTAS?

Aqueles que afirmam que "todos são egoístas", normalmente, dizem isso como uma expressão de cinismo e desprezo. Mas a verdade é que sua afirmação faz à humanidade um elogio que ela não merece.

Setembro de 1962

CAPÍTULO 6

CAPÍTULO 6
A PSICOLOGIA DO PRAZER

Nathaniel Branden

Para o ser humano, o prazer não é um luxo, mas uma necessidade psicológica profunda.

O prazer (no sentido mais amplo do termo) é uma concomitante metafísica da vida, a recompensa e a consequência da ação bem-sucedida – assim como a dor é a insígnia do fracasso, destruição e morte.

Por meio do estado de alegria, o homem experimenta o valor da vida, a sensação de que a vida vale a pena ser vivida, de que vale a pena lutar para mantê-la. Para viver, ele deve agir a fim de alcançar valores. Prazer ou alegria são, ao mesmo tempo, uma recompensa emocional por uma ação bem-sucedida e um incentivo para continuar agindo.

Além disso, devido ao significado metafísico do prazer para o homem, o estado de alegria lhe dá uma experiência direta de sua própria eficácia, de sua competência em lidar com os fatos da realidade, de alcançar seus valores, de viver. Implicitamente contido na experiência do prazer está o sentimento de que "estou no controle de minha existência" – assim como implicitamente contido na experiência da dor está o sentimento de que "estou indefeso". Assim como o prazer, emocionalmente, gera uma sensação de eficácia, a dor, emocionalmente, gera uma sensação de impotência.

Desse modo, ao permitir que o homem experimente, em sua própria pessoa, a sensação de que a vida é um valor e que ele é um valor, o prazer serve como combustível emocional da existência do homem.

Assim como o mecanismo prazer-dor do corpo do homem funciona como um termômetro de saúde ou doença, o mecanismo prazer-dor de sua consciência funciona pelo mesmo princípio, agindo como um termômetro do que é a favor dele ou contra ele, do que é benéfico ou prejudicial para sua vida. Mas o homem é um ser de consciência volitiva, não tem ideias inatas, nem conhecimento automático ou infalível a respeito do que depende sua sobrevivência. Ele tem de escolher os valores que devem guiar suas ações e estabelecer seus objetivos. Seu mecanismo emocional trabalha de acordo com o tipo de valores que escolhe. São os seus valores que determinam o que sente ser a seu favor ou contra si. São os seus valores que determinam o que um homem busca por prazer.

Se um homem comete um erro em sua escolha de valores, seu mecanismo emocional não o corrigirá, pois não tem vontade própria. Se os valores de um homem o fazem desejar coisas que, de fato e na realidade, levam à sua destruição, seu mecanismo emocional não o salvará, mas, em vez disso, irá impulsioná-lo em direção à destruição: ele o terá calibrado ao contrário, contra si mesmo e contra os fatos da realidade, contra sua própria vida. O mecanismo emocional do homem é como um computador eletrônico: o homem tem o poder de programá-lo, mas não tem o poder de mudar sua natureza. Sendo assim, se fizer a programação errada, não será capaz de escapar do fato de que a maioria dos desejos autodestrutivos tenham, para ele, a intensidade emocional e a urgência de situações de vida ou morte. Ele tem, é claro, o poder de mudar a programação, mas, apenas, mudando seus valores.

Os valores básicos de um homem refletem sua visão consciente ou subconsciente de si mesmo e da existência. Eles são a expressão da (a) natureza e nível de sua autoestima ou falta dela, e (b) extensão do que considera o universo aberto ou fechado a seu entendimento e ação – isto é, até que ponto ele mantém uma visão benevolente ou malevolente da existência. Assim, as coisas que o homem procura por prazer ou diversão são profundamente reveladoras do ponto de vista psicológico; são o índice de seu caráter e alma (por "alma", quero dizer a consciência do homem e seus valores motivadores básicos).

De maneira geral, existem cinco áreas (interconectadas) que permitem ao homem experimentar a alegria da vida: trabalho produtivo, relações humanas, recreação, arte e sexo.

Trabalho produtivo é a mais fundamental delas: por meio do seu trabalho, o homem obtém o sentido básico de controle sobre a existência – seu senso de eficácia –, que é a base necessária da habilidade de desfrutar qualquer outro valor. O homem cuja vida não tem direção ou propósito, o homem que não tem um objetivo criativo, necessariamente, sente-se indefeso e sem controle; o homem que se sente indefeso e sem controle sente-se inadequado e impróprio para a existência; e o homem que se sente impróprio para a existência é incapaz de desfrutá-la.

Uma das características distintivas de um homem com autoestima, que considera o universo aberto ao seu esforço, é o profundo prazer que experimenta no trabalho produtivo de sua mente; sua alegria de vida é alimentada por seu interesse constante em crescer em conhecimento e habilidade – pensar, alcançar, seguir adiante, enfrentar novos desafios e superá-los – para ganhar o orgulho de uma eficácia em constante expansão.

Um tipo diferente de alma é revelado pelo homem que, predominantemente, sente prazer em trabalhar, somente, na rotina e naquilo que lhe é familiar, que está inclinado a aproveitar o trabalho em estado de semiatordoamento, que vê felicidade na ausência de desafio, luta ou esforço: a alma de um homem profundamente deficiente em autoestima, para quem o universo parece irreconhecível e vagamente ameaçador, cujo principal impulso motivador é um anseio por segurança – não a segurança obtida pela eficácia, mas a segurança de um mundo em que a eficácia não é exigida.

Um outro tipo de alma é revelado pelo homem que acha inconcebível que o trabalho – qualquer forma de trabalho – possa ser agradável, que considera o esforço de obter o sustento como um mal necessário, que sonha somente com os prazeres que começam quando a jornada de trabalho termina, o prazer de afogar sua mente no álcool, televisão, bilhar ou mulheres, o prazer de não estar consciente: a alma de um homem com quase nenhum vestígio de autoestima, que nunca esperou que o universo fosse compreensível e toma seu pavor letárgico como um fato, e cuja única forma de alívio e única noção de alegria são breves faíscas de sensações que não demandam esforço algum.

Ainda outro tipo de alma é revelado pelo homem que tem prazer não em realizações, mas em destruição, cuja ação é focada não em atingir eficácia, mas em dominar aqueles que a atingiram: a alma de um homem tão miseravelmente desprovido de valor próprio e tão dominado pelo terror da existência, que sua única forma de autorrealização é lançar seu ressentimento e ódio contra aqueles que não compartilham seu estado, que estão aptos a viver – como se, pela destruição do confiante, do forte e do saudável, pudesse converter impotência em eficiência.

Um homem racional e autoconfiante é motivado por um amor por valores e por um desejo de alcançá-los. Um neurótico é motivado pelo medo e pelo desejo de escapar dele. Essa diferença de motivação é refletida não apenas nas coisas que cada tipo de homem procura por prazer, mas na natureza do prazer que experimenta.

A qualidade emocional do prazer experimentado pelos quatro homens descritos acima, por exemplo, não é a mesma. A qualidade de qualquer prazer depende dos processos mentais que lhe dão origem e assistem, e da natureza dos valores envolvidos. O prazer de usar a consciência de forma adequada e o "prazer" de estar inconsciente não são os mesmos – assim como o prazer de alcançar valores reais, de obter uma sensação autêntica de eficácia, e o "prazer" de reduzir temporariamente a sensação de medo e insegurança, não são os mesmos. O homem com autoestima experimenta a alegria pura e autêntica de usar suas faculdades adequadamente e de atingir valores verdadeiros na realidade – um prazer do qual os outros três homens não têm noção, assim como ele não tem noção do estado confuso e sombrio que eles chamam de "prazer".

Esse mesmo princípio se aplica a todas as formas de alegria. Deste modo, no campo das relações humanas, uma forma diferente de prazer é experimentada, um tipo diferente de motivação está envolvida e uma espécie diferente de caráter é revelado pelo homem que busca alegria na companhia de seres humanos com inteligência, integridade e autoestima, que compartilha seus padrões exigentes e por outro que consegue se divertir, apenas, com seres humanos que não têm quaisquer padrões e, com eles, sentindo-se livre, portanto, para ser ele mesmo – ou pelo homem que encontra prazer apenas na companhia de pessoas que despreza, a quem pode comparar-se favoravelmente – ou por outro que sente prazer, apenas, entre pessoas a quem pode enganar e manipular, de quem ele obtém o substituto neurótico mais baixo para uma sensação de eficácia genuína: um sentimento de poder.

Para um homem racional, psicologicamente saudável, o desejo pelo prazer é o desejo de celebrar seu controle sobre a realidade. Para o neurótico, o desejo pelo prazer é o desejo de escapar da realidade.

Considere, agora, a esfera da recreação. Por exemplo, uma festa. Um homem racional desfruta de uma festa como uma recompensa emocional de uma realização, e pode desfrutá-la apenas se, de fato, envolver atividades agradáveis, como ver pessoas de que gosta, encontrar pessoas novas que acha interessantes, participar de conversas em que valha a pena ouvir e ser ouvido. Mas um neurótico pode "desfrutar" de uma festa por razões sem relação com as atividades reais que estão acontecendo; pode odiar, desprezar ou temer todas as pessoas presentes, pode agir como um tolo barulhento e ficar secretamente envergonhado disso – mas sentirá que está desfrutando de tudo porque as pessoas estão emitindo vibrações de aprovação, ou porque é uma distinção social ter sido convidado para essa festa, ou porque outras pessoas pareçam estar alegres, ou porque a festa já o poupou, pelo menos uma noite, do terror de estar sozinho.

O "prazer" de estar bêbado é, obviamente, o prazer de fugir da responsabilidade da consciência. E assim são as reuniões sociais realizadas sem outro motivo que o da expressão de caos histérico, onde os convidados vagueiam em estupor alcoólico, tagarelando ruidosa e insensatamente, desfrutando da ilusão de um universo onde ninguém é sobrecarregado com propósito, lógica, realidade ou consciência.

Observe, nessa conexão, os *beatniks*[1] modernos – por exemplo, sua forma de dançar. O que se vê não são sorrisos de alegria autêntica, mas olhos fixos e vazios, movimentos desorganizados e bruscos do que parecem corpos descentralizados, todos muito empenhados – com um tipo de histeria impetuosa – em projetar uma atmosfera do sem propósito, sem sentido, sem esforço intelectual. Esse é o "prazer" da inconsciência.

Ou considere o tipo mais calmo de "prazeres" que preenche a vida de muitas pessoas: piqueniques familiares, encontros de mulheres ou "*coffee klatches*"[2], bazares de caridade, férias vegetativas – todas elas, ocasiões de tédio silencioso para todos os envolvidos, em que o tédio é o valor. Para essas pessoas, tédio significa segurança, o conhecido, o habitual, a rotina – a ausência do novo, do empolgante, do desconhecido, do exigente.

O que é um prazer exigente? Um prazer que exige o uso de sua mente; não no sentido de resolver problemas, mas no sentido de exercitar o discernimento, o julgamento, a consciência.

Um dos principais prazeres da vida é oferecido ao homem pelas obras de arte. A arte, em seu potencial mais elevado, como a projeção das coisas "como podem e devem ser", pode proporcionar ao homem um inestimável combustível emocional. Mas, novamente, o tipo de obra de arte a que o indivíduo responde depende de seus valores e premissas mais profundos.

Um homem pode buscar a projeção do heroico, do inteligente, do eficaz, do dramático, do significativo, do estilizado, do engenhoso, do desafiador; pode buscar o prazer da admiração, da inspiração em grandes valores. Ou pode buscar a satisfação de contemplar as colunas de fofocas dos vizinhos, sem exigir nada de si, nem em pensamento, nem em padrões de valor; pode se sentir agradavelmen-

---

[1] *Beatniks* era o termo utilizado para designar os integrantes da geração *beat*, um movimento de contracultura norte-americano do final dos anos 1950 e começo da década de 1960. O movimento beat foi a faísca do que veio a ser, depois, o movimento *hippie* e, hoje, tem-se um paralelo de pensamento com os *hipsters*. (N. R.)

[2] O termo "*coffee klatch*" vem da palavra alemã "*kaffeeklatsch*", que se traduz em café (*kaffee*) + fofoca (*klatsch*). Refere-se a um grupo de amigos se reunindo para uma xícara de café, geralmente, na casa de alguém. Os "*coffee klatches*" eram populares na década de 1950, época em que era comum as mulheres ficarem em casa com os filhos. Elas se reuniam para discutir as últimas novidades na vida de todos. *Coffee klatches*, ainda, existem hoje, embora, o termo tenha se tornado quase extinto. A atual definição de "*coffee klatch*" é relaxar em um café aconchegante, conversar com amigos queridos e saborear um delicioso café. (N. R.)

te confortado pelas projeções do conhecido e do familiar, buscando sentir-se um pouco menos "um estranho e amedrontado num mundo que nunca criou". Ou sua alma pode vibrar afirmativamente a projeções de horror e degradação humana, pode sentir-se gratificado pelo pensamento de que não é tão ruim quanto o anão drogado ou a lésbica aleijada sobre os quais está lendo; pode apreciar uma arte que lhe diga que o homem é mau, que a realidade é incognoscível, que a existência é insuportável, que ninguém pode evitar nada e que seu terror secreto é normal.

A arte projeta uma visão implícita da existência e é a própria visão do indivíduo sobre a existência que determina a arte à qual ele responde. A alma do homem cuja peça favorita é *Cyrano de Bergerac*[3] é radicalmente diferente da alma daquele que prefere *Esperando Godot*[4].

Dos vários prazeres que o homem pode oferecer a si mesmo, o maior é o orgulho, o prazer que obtém de suas próprias conquistas e da criação de seu próprio caráter. O prazer que obtém do caráter e conquistas de um outro ser humano é a admiração. A expressão mais elevada da união mais intensa dessas duas respostas – orgulho e admiração – é o amor romântico. Sua celebração é o sexo.

É nesta esfera, acima de tudo – nas respostas romântico-sexuais de um homem – que sua visão de si mesmo e da existência permanece eloquentemente revelada. Um homem se apaixona e deseja sexualmente a pessoa que reflete seus próprios valores mais profundos.

Há dois aspectos cruciais em que as respostas romântico-sexuais de um homem são psicologicamente reveladoras: na sua escolha de parceiro(a) e no significado, para ele, do ato sexual.

Um homem com autoestima, um homem apaixonado por si mesmo e pela vida, sente uma necessidade intensa de encontrar seres humanos que possa admirar – encontrar um igual espiritual que possa amar. A qualidade que mais o atrai é a autoestima – autoestima e um sentido límpido do valor da existência. Para este homem, o sexo é um ato de celebração, seu significado é uma homenagem a si mesmo e à mulher que escolheu, a maior forma de experimentar concretamente e em sua própria pessoa o valor e a alegria de estar vivo.

---

[3] *Cyrano de Bergerac* é uma peça de teatro escrita em 1897 por Edmond Rostand (1868-1918), baseada na vida do escritor francês Hector Savinien de Cyrano de Bergerac (1619-1655), um herói romântico, que combate a covardia, a estupidez e a mentira, apaixonado por Madeleine Robin, mais conhecida como Roxana. (N. R.)

[4] *Esperando Godot* é uma peça de Samuel Beckett (1906-1989) em que dois personagens, Vladimir (Didi) e Estragon (Gogo), envolvem-se em uma variedade de discussões enquanto esperam Godot, que nunca chega. *Waiting for Godot* é a tradução de Beckett de sua própria peça original em francês, *En Attant Godot*, e tem como subtítulo (apenas em inglês) "uma tragicomédia em dois atos". Estreou em Paris em janeiro de 1953 e, em Londres, em 1955, foi a estreia da versão em inglês. (N. R.)

A necessidade de tal experiência é inerente à natureza humana. Mas, se um homem não tem a autoestima para conquistá-la, tenta falsificá-la – e escolhe sua parceira (subconscientemente) pelo padrão de sua habilidade em ajudá-lo a falsificá-la, dando-lhe a ilusão de um valor próprio que não tem e de uma felicidade que não sente.

Assim, se um homem se sente atraído por uma mulher com inteligência, confiança e força, se é atraído por uma heroína, revela um tipo de alma; se, em vez disso, é atraído por uma irresponsável, indefesa e distraída, cuja fraqueza lhe permite sentir-se masculino, revela outro tipo de alma; se é atraído por uma prostituta assustada, cuja falta de julgamento e padrões permitem a ele sentir-se livre de censura, revela, ainda, um outro tipo de alma.

O mesmo princípio, é claro, aplica-se às escolhas romântico-sexuais de uma mulher.

O ato sexual tem um significado diferente para a pessoa cujo desejo é alimentado pelo orgulho e admiração, a quem a autoexperiência prazerosa que proporciona é um fim em si mesma – e para a pessoa que procura no sexo a prova de masculinidade (ou feminilidade), ou o alívio do desespero, ou a defesa contra a ansiedade ou uma fuga do tédio.

Paradoxalmente, são os chamados "caçadores de prazer" – os homens que, aparentemente, vivem apenas pela sensação do momento, que estão, apenas, preocupados em se "divertir" – que são psicologicamente incapazes de ter prazer como um fim em si mesmo. O neurótico caçador de prazer imagina que, ao realizar os movimentos de uma celebração, será capaz de se fazer sentir que tem algo a comemorar.

Uma das características do homem sem autoestima – e a punição real por sua omissão moral e psicológica – é o fato de que todos os seus prazeres são prazeres de fuga dos dois perseguidores a quem traiu e dos quais não há escapatória: a realidade e sua própria mente.

Como a função do prazer é proporcionar ao homem um sentido de sua própria eficácia, o neurótico é pego em um conflito mortal: é compelido, por sua natureza de homem, a sentir uma necessidade desesperada por prazer, enquanto confirmação e expressão de seu controle sobre a realidade – mas pode encontrar prazer, apenas, em uma fuga da realidade. Isso explica por que seus prazeres não funcionam, por que lhe trazem, não uma sensação de orgulho, realização, inspiração, mas uma sensação de culpa, frustração, desesperança e vergonha. O efeito do prazer sobre um homem com autoestima é o de uma recompensa e uma confirmação. O efeito do prazer sobre um homem que não tem autoestima é de uma ameaça – a ameaça de ansiedade, o tremor de uma fundação precária de seu pseudovalor pessoal, a intensidade de um medo sempre presente de que a estrutura vai desabar, deixando-o frente a uma realidade imperdoável, desconhecida, absoluta e austera.

Uma das reclamações mais comuns dos pacientes que procuram psicoterapia é que nada tem o poder de dar-lhes prazer; a alegria autêntica lhes parece impossível. Esse é o beco sem saída da política do "prazer como fuga".

Preservar uma capacidade clara de tirar prazer da vida é uma conquista psicológica e moral incomum. Contrário à crença popular, essa é a prerrogativa, não da negligência, mas de uma devoção incessante ao ato de perceber a realidade e de uma integridade intelectual escrupulosa. É a recompensa da autoestima.

Fevereiro de 1964

CAPÍTULO 7

CAPÍTULO 7
A VIDA NÃO REQUER ACORDOS?

Ayn Rand

Um acordo é um ajuste de reivindicações conflitantes por meio de concessões mútuas. Isso significa que ambas as partes, em um acordo, têm alguma reivindicação válida e algum valor a oferecer reciprocamente. E isso significa que ambas as partes concordam a respeito de algum princípio fundamental que serve como base para sua negociação.

É somente em relação a fatos concretos ou particulares, implementando um princípio básico aceito mutuamente, que um indivíduo pode se comprometer. Por exemplo, pode-se barganhar com um comprador sobre o preço que se quer receber por um produto e concordar em um valor intermediário entre o que foi pedido e o oferecido. Nesse caso, o princípio básico mutuamente aceito é o princípio da troca, a saber: o comprador deve pagar o vendedor pelo produto. Mas, se o vendedor quisesse ser pago, e o suposto comprador quisesse obter o produto de graça, nenhum pacto, acordo ou discussão seria possível, apenas a renúncia total de um ou de outro.

Não pode haver um acordo entre o dono de uma propriedade e um ladrão; oferecer ao ladrão uma única colher de chá de um jogo de talheres não seria um acordo, mas uma rendição total – o reconhecimento do direito dele sobre sua propriedade. Que valor ou concessão o ladrão ofereceu em troca? E, uma vez que o princípio das concessões unilaterais é aceito como a base de uma relação por ambas as partes, é apenas uma questão de tempo até o ladrão confiscar o resto. Como um exemplo desse processo, observe a atual política exterior dos Estados Unidos.

Não pode haver acordo entre liberdade e controles governamentais; aceitar "apenas alguns controles" é renunciar ao princípio dos direitos individuais inalienáveis, substituindo-o pelo princípio do poder arbitrário e ilimitado do governo, entregando-se, assim, à escravidão gradual. Como exemplo desse processo, observe a atual política interna dos Estados Unidos.

Não pode haver acordo a respeito de princípios básicos ou questões fundamentais. O que você consideraria como um "acordo" entre a vida e a morte? Ou entre a verdade e a mentira? Ou entre a razão e a irracionalidade?

Hoje, no entanto, quando as pessoas falam de "acordo", referem-se não a uma concessão mútua e legítima ou a uma troca, mas, precisamente, à traição de seus princípios – à rendição unilateral a qualquer reivindicação irracional ou infundada. A raiz dessa doutrina é o subjetivismo ético, que defende que um desejo ou capricho é uma base moral irredutível, que todo homem tem direito a qualquer desejo que possa querer realizar; que todos os desejos têm a mesma validade moral, e que a única forma pela qual os homens podem conviver bem é submetendo-se a qualquer coisa e "comprometendo-se" com qualquer pessoa. Não é difícil ver quem lucraria e quem perderia com tal doutrina.

A imoralidade dessa doutrina – e a razão por que o termo "acordo" sugere, no seu uso geral atual, um ato de traição moral – reside no fato de que é necessário que os homens aceitem o subjetivismo ético como o princípio básico que substitui todos os demais nas relações humanas, e que sacrifiquem qualquer coisa como uma concessão aos caprichos dos outros.

A pergunta: "a vida não requer acordos?", normalmente, é feita por aqueles que não conseguem diferenciar entre um princípio básico e um desejo concreto e específico. Aceitar um emprego inferior àquele que se queria não é um "acordo". Receber ordens de seu empregador sobre como fazer o trabalho para o qual se é contratado não é um "acordo". Não poder ter duas coisas imcompatíveis ao mesmo tempo não é um "acordo".

A integridade não consiste na lealdade aos caprichos subjetivos de alguém, mas sim, na lealdade a princípios racionais. Um "acordo" (no sentido inescrupuloso da palavra) não é uma violação do conforto de um indivíduo, mas a violação de suas convicções. Um "acordo" não consiste em fazer algo de que não se gosta, mas em fazer algo que se sabe ser errado. Acompanhar seu esposo ou esposa em um concerto, quando não se importa com música, não é um "acordo"; render-se às exigências irracionais dele ou dela por conformidade social, por observância religiosa fingida ou por generosidade aos parentes mal-educados do cônjuge, é. Trabalhar para um empregador que não compartilha suas ideias não é um "acordo"; fingir compartilhar suas ideias, é. Aceitar as sugestões de um editor para fazer mudanças em seu manuscrito, quando se vê a validade racional das sugestões, não é um "acordo"; fazer essas mudanças a fim de agradar a ele ou ao público contra seu próprio julgamento e padrões, é.

A VIDA NÃO REQUER ACORDOS?

A desculpa dada em todos esses casos é de que o "acordo" é, apenas, temporário e de que a integridade pessoal será reconquistada em alguma data futura indeterminada. Mas não se pode corrigir a irracionalidade de um marido ou esposa cedendo a ela e encorajando-a a crescer. Não é possível alcançar a vitória de suas ideias ajudando a propagar seu oposto. Não se pode oferecer uma obra-prima literária para um círculo de leitores quando já se tornou "rico e famoso" escrevendo porcarias. Se um indivíduo achou difícil manter sua lealdade às próprias convicções no início, uma sucessão de traições – que ajudaram a aumentar o poder do mal que não teve coragem de combater – não tornará a tarefa mais fácil no futuro, mas a fará praticamente impossível.

Não pode haver acordo algum sobre princípios morais. *"Qualquer transigência entre a comida e o veneno só pode representar uma vitória para a morte. Qualquer transigência entre o bem e o mal só pode ser favorável ao mal"*[1]. Da próxima vez que você ficar tentado a perguntar: "a vida não requer acordos?", traduza tal questão para o seu verdadeiro significado: "a vida não exige a renúncia daquilo que é verdadeiro e bom pelo que é falso e mau?". A resposta é que a vida proíbe, precisamente, isso – se alguém deseja alcançar algo que não seja uma série de anos torturantes, gastos em autodestruição progressiva.

Julho de 1962

---

[1] RAND, Ayn. *A Revolta de Atlas. Op. cit.*, Vol. III, p. 379.

CAPÍTULO 8

CAPÍTULO 8
COMO LEVAR UMA VIDA RACIONAL EM UMA SOCIEDADE IRRACIONAL?

Ayn Rand

Limitarei minha resposta a um único e fundamental aspecto dessa questão. Citarei um único princípio, o oposto da ideia tão predominante hoje e que é responsável pela difusão do mal no mundo. O princípio é: *nunca se deve deixar de manifestar um julgamento moral*.

Nada pode corromper e desintegrar uma cultura ou o caráter de um homem tão completamente quanto o preceito de agnosticismo moral, a ideia de que nunca se deve fazer um julgamento moral sobre os outros, de que se deve ser moralmente tolerante a tudo, de que o bem consiste em nunca distinguir o bem do mal.

É óbvio quem ganha e quem perde com tal preceito. Não é justiça ou tratamento igual que você concede aos homens quando se abstém igualmente de elogiar suas virtudes e de condenar seus vícios. Quando sua atitude imparcial declara, na verdade, que nem o bem, nem o mal, podem esperar qualquer coisa de você – quem você trai e quem você encoraja?

Mas fazer um julgamento moral é uma responsabilidade enorme. Para julgar, o indivíduo deve possuir um caráter irrepreensível; não precisa ser onisciente ou infalível, e não é uma questão de erros de conhecimento; ele precisa de uma integridade inabalável, isto é, a ausência de qualquer indulgência em relação ao mal intencional e consciente. Assim como um juiz em um tribunal pode errar quando a evidência é inconclusiva, mas não pode ignorar a evidência disponível, nem aceitar suborno ou permitir que qualquer sentimento, emoção, desejo ou medo pessoal obstrua seu julgamento sobre os fatos da realidade – assim, cada pessoa racional deve manter uma integridade igualmente rigorosa e solene no tribunal de sua própria consciência, onde a responsabilidade é mais pesada que a de um tribunal público porque ele, o juiz, é o único a saber quando foi acusado.

No entanto, existe um tribunal de apelação dos julgamentos: a realidade objetiva. Um juiz coloca a si mesmo no banco dos réus toda vez que profere um veredicto. E, apenas, no reino atual de cinismo amoral, subjetivismo e banditismo que os homens podem se imaginar livres para proferir qualquer tipo de julgamento irracional e não sofrer consequências. Mas, na verdade, um homem deve ser julgado pelos julgamentos que profere. As coisas que ele condena ou exalta existem na realidade objetiva e estão abertas à avaliação independente dos outros. É seu próprio caráter e padrões morais que ele revela quando acusa ou elogia. Se condena os Estados Unidos e exalta a Rússia soviética – ou se ataca empresários e defende delinquentes juvenis – ou se condena uma grande obra de arte e elogia um lixo – é a natureza de sua própria alma que ele confessa.

É o medo dessa responsabilidade que leva a maioria das pessoas a adotar uma atitude de neutralidade moral indiscriminada. É o medo que melhor se expressa no preceito: "não julgueis para que não sejais julgados". Mas esse preceito, na verdade, é uma abdicação da responsabilidade moral: é um cheque em branco moral que se dá aos outros em troca de um cheque em branco moral que espera para si mesmo.

Não há como fugir do fato de que os homens devem fazer escolhas; enquanto os homens precisarem fazer escolhas, não há como fugir dos valores morais; enquanto os valores morais estiverem em jogo, nenhuma neutralidade moral é possível. Abster-se de condenar um torturador é se tornar cúmplice da tortura e assassinato de suas vítimas.

O princípio moral a ser adotado nessa questão é: "julgue e esteja preparado para ser julgado".

O oposto da neutralidade moral não é uma condenação cega, arbitrária e hipócrita de qualquer ideia, ação ou pessoa que não se encaixe no humor, nos *slogans* memorizados ou julgamento apressado de alguém. A tolerância indiscriminada e a condenação indiscriminada não são dois opostos: são duas variantes da mesma evasão. Declarar que "todos são brancos" ou "todos são pretos" ou "ninguém é branco nem preto, mas cinza", não é um julgamento moral, mas uma fuga da responsabilidade do julgamento moral.

Julgar significa: avaliar um determinado fato concreto com referência a um princípio ou padrão abstrato. Não é uma tarefa simples, nem uma tarefa que pode ser executada automaticamente pelos sentimentos, "instintos" ou palpites de alguém. É uma tarefa que requer o processo de pensamento mais preciso, mais exato, mais implacavelmente objetivo e racional. É relativamente fácil compreender princípios morais abstratos; mas pode ser muito difícil aplicá-los a uma dada situação, particularmente, quando esta envolve o caráter moral de outra pessoa. Quando alguém emite um julgamento moral, seja um elogio ou uma condenação, deve estar preparado para responder "por quê?" e provar seu ponto para si próprio e para qualquer inquisidor racional.

A política de sempre proferir julgamentos morais não significa que se deva considerar a si mesmo como um missionário incumbido da responsabilidade de "salvar a alma de todos", nem que se deve dar avaliações morais não solicitadas a todos que encontra. Significa: (a) que se deve conhecer de forma clara, completa, verbalmente identificada, a própria avaliação moral sobre cada pessoa, questão e evento com que se lida, e agir de acordo, e (b) que se deve tornar sua avaliação moral conhecida pelos outros, quando for racionalmente apropriado fazê-lo.

Esta última significa que que não é necessário lançar-se em denúncias ou debates morais desnecessários, mas que se deve manifestar em situações em que o silêncio possa ser objetivamente entendido como concordância ou sanção do mal. Quando se lida com pessoas irracionais, com quem argumentar é fútil, um mero "não concordo com você" é suficiente para negar qualquer implicação de sanção moral. Quando se lida com pessoas mais aptas, uma declaração completa de suas visões pode ser moralmente necessária. Mas, em nenhum caso, e em nenhuma situação, pode-se permitir que seus próprios valores sejam atacados ou denunciados e ficar em silêncio.

Os valores morais são a força motriz das ações de um homem. Ao proferir um julgamento moral, ele protege a clareza de sua própria percepção e a racionalidade do curso que se escolhe seguir. Faz diferença se alguém pensa que está lidando com erros humanos de conhecimento ou com a maldade humana.

Observe quantas pessoas evadem, racionalizam e conduzem suas mentes a um estado de estupor cego, com medo de descobrir que aqueles com quem lidam – seus "entes queridos", amigos, sócios ou governantes – não são apenas equivocados, mas maus. Observe que esse medo os leva a sancionar, ajudar e disseminar o próprio mal cuja existência elas temem reconhecer.

Se as pessoas não cedessem a tais evasões abjetas – como a alegação de que um mentiroso desprezível "tem boas intenções", de que um andarilho vadio "não tem como evitar sua situação", de que um delinquente juvenil "precisa de amor", de que um criminoso "não tinha opção", de que um político sedento por poder é movido por sua preocupação patriótica pelo "bem comum", de que os comunistas são apenas "reformistas agrários" –, a história das últimas décadas, ou séculos, teria sido diferente.

Pergunte a si mesmo por que as ditaduras totalitárias acham necessário investir dinheiro e esforço em propaganda para seus próprios escravos desamparados, acorrentados e amordaçados, que não têm meios para protestar ou se defender. A resposta é que mesmo o camponês mais humilde ou o selvagem mais primitivo se levantaria em rebelião cega, caso percebesse que está sendo imolado não por alguma incompreensível "causa nobre", mas sim para a maldade humana nua e crua.

Observe também que a neutralidade moral exige uma compaixão progressiva pelo vício e um antagonismo progressivo à virtude. Um homem que se esforça para não reconhecer que o mal é mau, acha cada vez mais perigoso reconhecer que o bem é bom. Para ele, uma pessoa virtuosa é uma ameaça que pode derrubar todas as suas evasões – particularmente, quando uma questão de justiça está envolvida, exigindo que se escolha um lado. É assim que fórmulas como "ninguém está totalmente certo ou totalmente errado" e "quem sou eu para julgar?" causam seus efeitos letais. O homem que começa dizendo: "há algo de bom no pior de nós", segue dizendo: "há algo de ruim no melhor de nós". Depois, "deve haver algum mal no melhor de nós" e, então, "são os melhores de nós que tornam a vida difícil. Por que não se calam? Quem são eles para julgar?".

E, então, em uma manhã cinzenta de sua meia-idade, esse homem percebe, de repente, que traiu todos os valores que amou na distante primavera de sua vida e se pergunta como isso aconteceu, fechando sua mente para a resposta, dizendo, apressadamente, a si mesmo que o medo que sentiu em seus piores e mais vergonhosos momentos estava certo, e que os valores não têm chance neste mundo.

Uma sociedade irracional é uma sociedade de covardes morais – de homens paralisados pela perda de padrões, princípios e objetivos morais. Mas, já que os homens precisam agir enquanto vivem, essa sociedade está pronta para ser dominada por qualquer um disposto a dar-lhe uma direção. A iniciativa só pode vir de dois tipos de homens – ou do homem que está disposto a assumir a responsabilidade de definir valores racionais, ou do criminoso que não está preocupado com questões de responsabilidade.

Não importa quão difícil seja a luta, há, apenas, uma escolha a ser feita por um homem racional diante de tal alternativa.

Abril de 1962

CAPÍTULO 9

CAPÍTULO 9
O CULTO DA MORAL INDEFINIDA

Ayn Rand

Um dos sintomas mais eloquentes da falência moral da cultura atual é a atitude que está na moda com relação às questões morais, mais bem resumida como: "não há pretos nem brancos, há, apenas, cinzas".

Isso é afirmado em relação a pessoas, ações, normas de conduta e moralidade em geral. "Preto e branco", neste contexto, significa "o bem e o mal" (a ordem contrária usada nesse chavão é interessante, do ponto de vista psicológico).

De qualquer forma que se queira examinar, essa noção é cheia de contradições (em primeiro lugar, está a falácia do "conceito roubado"). Se não há preto e branco, não pode haver cinza, já que este é, simplesmente, uma mistura dos dois.

Antes que se possa identificar algo como "cinza", é preciso saber o que é preto e o que é branco. No campo da moralidade, isto significa que se deve, primeiro, identificar o que é o bem e o que é o mal. E, quando um homem determina que uma alternativa é boa e a outra é má, não tem justificativa para escolher uma mistura. Não é possível justificar a escolha de qualquer parte daquilo que se sabe ser mau. Na moralidade, "preto" é, predominantemente, o resultado de tentar fingir a si mesmo que se é apenas "cinza".

Se um código moral (como o altruísmo) é, na verdade, impossível de ser praticado, é o código que deve ser condenado como "preto", e não suas vítimas avaliadas como "cinzas". Se um código moral recomenda contradições irreconciliáveis – de modo que, escolhendo o bem em um aspecto, um homem se torna mau em outro –, é o código que deve ser rejeitado como "preto". Se um código moral é inaplicável à realidade – se não oferece diretriz, exceto uma série de determinações e mandamentos arbitrários, infundados e fora de contexto, a serem aceitos por fé e praticados automaticamente, como um dogma cego –, seus praticantes não podem, propriamente, ser classificados como "brancos", "pretos" ou "cinzas": um código moral que proíbe e paralisa o julgamento moral é uma contradição em termos.

Se, em uma questão moral complexa, um homem tem dificuldade para determinar o que é certo e falha ou comete um erro honesto, não pode ser considerado "cinza"; moralmente, ele é "branco". Erros de conhecimento não são brechas de moralidade; nenhum código moral apropriado pode exigir infalibilidade ou onisciência.

Mas se, a fim de fugir da responsabilidade de julgamento moral, um homem fecha seus olhos e sua mente, se foge dos fatos da questão e luta para não saber, não pode ser considerado "cinza"; moralmente, ele não pode ser outra coisa além de "preto".

Muitas formas de confusão, incerteza e desleixo epistemológico ajudam a obscurecer as contradições e a disfarçar o significado real da doutrina da moral cinzenta.

Algumas pessoas acreditam que é somente a reafirmação de frases prontas como "ninguém é perfeito nesse mundo", ou seja, todo mundo é uma mistura de bem e mal, e, portanto, moralmente "cinza". Como a maioria das pessoas corresponde, exatamente, a essa descrição, todos aceitam isso como um fato natural, sem maior reflexão. Esquecem que a moralidade trata, apenas, de questões abertas à escolha do homem (ou seja, ao seu livre-arbítrio) e, portanto, que nenhuma das generalizações estatísticas é válida nessa questão.

Se o homem é "cinza" por natureza, nenhum conceito moral é aplicável a ele, incluindo "cinzento", e nenhuma moralidade é possível. Mas, se o homem tem livre-arbítrio, então, o fato de dez homens (ou dez milhões) fazerem a escolha errada não significa que o décimo-primeiro fará o mesmo; não implica nada – não prova nada – com relação a qualquer indivíduo em particular.

Há muitas razões pelas quais a maioria das pessoas é moralmente imperfeita, isto é, têm premissas e valores contraditórios e confusos (a moralidade altruísta é uma das razões), mas essa é uma questão diferente. Independentemente das razões de suas escolhas, o fato de que a maioria das pessoas é moralmente "cinza" não invalida a necessidade do homem de moralidade, e de "brancura" moral; ao contrário, torna-a ainda mais urgente. Tampouco garante o "pacote" epistemológico de rejeitar o problema classificando todos os homens como de moral "cinzenta" e, então, recusando-se a reconhecer ou praticar a "brancura". Nem mesmo serve como uma fuga da responsabilidade do julgamento moral: a menos que alguém esteja preparado para prescindir totalmente da moralidade e a considerar um golpista insignificante e um assassino como moralmente iguais, ainda assim, tem de julgar e avaliar os muitos tons de "cinza" que se pode encontrar nas índoles dos homens individualmente (e a única forma de julgá-los é por um critério claramente definido de "preto" e "branco").

Uma noção semelhante, envolvendo erros similares, é defendida por algumas pessoas que acreditam que a doutrina da moral cinzenta é, meramente, uma reafirmação da proposição: "há dois lados em toda questão", que acreditam significar que ninguém jamais está totalmente certo ou totalmente errado. Mas não é isso que essa proposição significa ou implica. Ela implica, apenas, que, ao julgar uma questão, deve-se conhecer ou dar a palavra aos dois lados. Não significa que as declarações de ambos os lados, necessariamente, sejam igualmente válidas, nem que haverá um mínimo de justiça em ambos os lados. Mais frequentemente, a justiça estará de um lado, e uma presunção injustificada (ou pior), de outro.

Existem, é claro, questões complexas em que ambos os lados estão certos em alguns aspectos e errados em outros – e é aqui que o "pacote" de declarar ambos os lados como "cinzentos" é menos admissível. É nessas questões que a precisão mais rigorosa de julgamento moral é necessária para identificar e avaliar os vários aspectos envolvidos – o que pode ser feito apenas desembaralhando os elementos misturados de "preto" e "branco".

O erro básico de todas essas confusões é o mesmo: consiste em esquecer que a moralidade trata apenas de questões abertas à escolha do homem – o que significa esquecer a diferença entre o "incapaz" e o "relutante". Isso permite às pessoas traduzir o chavão "não há pretos nem brancos" em "os homens são incapazes de ser totalmente bons ou totalmente maus", aceitando-o, com resignação nebulosa, sem questionar as contradições metafísicas que acarreta.

Mas poucas pessoas aceitariam isso, se essa frase fosse traduzida para o significado real que pretende infiltrar em suas mentes: "os homens não estão dispostos a ser totalmente bons ou totalmente maus".

A primeira coisa que se diria a qualquer defensor dessa afirmação seria: "fale por si mesmo, irmão!" E isso, de fato, é o que ele está realmente fazendo; consciente ou inconscientemente, intencionalmente ou inadvertidamente, quando um homem declara "não há pretos nem brancos", está fazendo uma confissão psicológica, e o que quer realmente dizer é: "não estou disposto a ser totalmente bom – e, por favor, não me considere totalmente mau!".

Assim como, na epistemologia, o culto à incerteza é uma revolta contra a razão, também, na ética, o culto da moral cinzenta é uma revolta contra os valores morais. Ambos são uma revolta contra o absolutismo da realidade.

Assim como o culto à incerteza não poderia ter êxito numa rebelião aberta contra a razão e, consequentemente, tem dificuldade para elevar a negação da razão a algum tipo de raciocínio superior, o culto da moral cinzenta não poderia ter êxito em uma rebelião aberta contra a moralidade, e tem dificuldade para elevar a negação da moralidade a um tipo superior de virtude.

Observe a forma como essa doutrina é encontrada: raramente é apresentada como positiva, como uma teoria ética ou assunto de discussão; predominantemente, aparece como algo negativo, como uma objeção repentina ou reprovação, dita de forma a sugerir que alguém é culpado de transgredir um absoluto tão óbvio que não requer nenhuma discussão. Em tons que variam de espanto ao sarcasmo, à raiva, à indignação e ao ódio histérico, a doutrina é jogada contra você na forma de acusação: "certamente, você não pensa em termos de preto e branco, não é?".

Promovida pela confusão, desamparo e medo de toda a questão da moralidade, a maioria das pessoas se apressa a responder com culpa: "não, é claro que não", sem nenhuma ideia clara da natureza da acusação. Não param para compreender, de fato, a essência dessa acusação: "certamente, você não é tão injusto a ponto de discriminar entre o bem e o mal, não é?", ou: "certamente, você não é tão mau a ponto de procurar o bem, não é?" ou "certamente, você não é tão imoral a ponto de acreditar na moralidade!".

A culpa moral, o medo do julgamento moral e um apelo por perdão absoluto são obviamente o motivo dessa frase feita. Uma olhada para a realidade seria suficiente para mostrar aos seus proponentes a confissão abjeta que estão fazendo. Mas a fuga da realidade é o pré-requisito e o objetivo do culto da moral cinzenta.

Filosoficamente, esse culto é a negação da moralidade – mas, psicologicamente, esse não é o objetivo de seus adeptos. O que buscam não é amoralidade, mas algo mais profundamente irracional: uma moralidade não absoluta, fluida, elástica, de meio-termo. Não se proclamam "além do bem e do mal", eles tentam preservar as "vantagens" de ambos. Não desafiam a moralidade, nem representam uma versão medieval dos adoradores exagerados do mal. O que lhes dá seu sabor peculiarmente moderno é que não defendem vender a alma ao diabo; defendem vendê-la por partes, pouco a pouco, para quem quiser comprar.

Eles não constituem uma escola filosófica de pensamento; são o produto típico da omissão filosófica – da falência intelectual que produziu o irracionalismo na epistemologia, um vácuo moral na ética, e uma economia misturada na política. Uma economia mista é uma guerra amoral de grupos de pressão, destituída de princípios, valores ou qualquer referência à justiça; uma guerra cuja arma final é o poder da força bruta, mas cuja forma externa é um jogo de concessões. O culto da moral cinzenta é a moralidade inferior que a tornou possível e à qual os homens, agora, agarram-se numa tentativa apavorada de justificá-la.

Observe que seu tom dominante não é uma busca pelo "branco", mas um terror obsessivo de serem rotulados como "pretos" (e com bom motivo). Observe que estão pleiteando uma moralidade que defenda a concessão como padrão de valor, possibilitando, assim, medir a virtude pelo número de valores que se está disposto a trair.

As consequências e os "interesses declarados" de sua doutrina são visíveis ao nosso redor.

Observe que, na política, o termo extremismo se tornou sinônimo de "mal", independente do conteúdo da questão (o mal não é sobre o que você é "extremista", mas o fato de ser "extremista" – isto é, coerente). Observe o fenômeno dos chamados neutralistas das Nações Unidas: os "neutralistas" são piores do que apenas neutros no conflito entre os Estados Unidos e a Rússia soviética; eles estão comprometidos, por princípio, a não ver nenhuma diferença entre os dois lados, a nunca considerar os méritos de uma questão e sempre procurar um pacto, qualquer acordo, em qualquer conflito – como, por exemplo, entre um agressor e um país invadido.

Observe, na literatura, o surgimento de algo chamado "anti-herói", cuja distinção é que ele não possui distinção – nem virtudes, nem valores, nem objetivos, nem caráter, nem importância. Ainda assim, ocupa, em peças e romances, a posição formalmente ocupada pelo herói, com a história centrada em suas ações, mesmo que ele não faça nada e chegue a lugar algum. Observe que o termo "mocinhos e bandidos" é usado com desdém e, particularmente na televisão, observe a revolta contra finais felizes, a exigência de que os "bandidos" tenham chances e um número igual de vitórias que os heróis.

Como em uma economia mista, homens com premissas mistas podem ser chamados de "cinzas"; mas, em ambos os casos, a mistura não permanece "cinza" por muito tempo. "Cinza", nesse contexto, é apenas um prelúdio para "preto". Pode haver homens "cinzas", mas não pode haver princípios morais "cinzas". A moralidade é um código de preto e branco. Quando e se os homens fazem concessões, é óbvio quem ganha e quem perde com essa doutrina.

Essas são as razões pelas quais, quando alguém é questionado: "certamente você não pensa em termos de preto e branco, não é?", a resposta apropriada (em essência, se não em forma) deveria ser: "é óbvio que penso!".

Junho de 1964

CAPÍTULO 10

CAPÍTULO 10
A ÉTICA COLETIVISTA

Ayn Rand

Certas perguntas que ouvimos com frequência não são dúvidas filosóficas, mas confissões psicológicas. Isso é particularmente verdade no campo da ética. É, principalmente, em discussões sobre ética que se deve verificar suas premissas (ou lembrá-las), e mais: deve-se aprender a verificar as premissas de seus adversários.

Por exemplo, os objetivistas costumam ouvir perguntas como: "o que será feito pelos pobres ou deficientes em uma sociedade livre?". A premissa altruísta-coletivista, implícita nessa pergunta, é que os homens são "protetores de seus irmãos" e que o infortúnio de alguns é uma hipoteca que recai sobre os outros. Quem pergunta ignora ou nega as premissas básicas da ética objetivista, tentando transferir a discussão para sua própria base coletivista. Observe que ele não pergunta: "algo deve ser feito?", mas "o que será feito?" – como se a premissa coletivista tivesse sido tacitamente aceita, restando, apenas, uma discussão sobre os meios para implementá-la.

Certa vez, um estudante perguntou a Barbara Branden (1929-2013): "o que acontecerá com os pobres em uma sociedade objetivista?" – ela respondeu: "se você quiser ajudá-los, ninguém vai impedi-lo".

Esta é a essência de toda a questão e um exemplo perfeito de como rejeitar as premissas de um adversário como ponto de partida da discussão.

Apenas indivíduos têm o direito de decidir quando, ou se, desejam ajudar os outros; a sociedade – como um sistema político organizado – não tem direitos na questão.

Sobre a pergunta de quando e em que condições é moralmente apropriado a um indivíduo ajudar os outros, recomendo o discurso de Galt em *A Revolta de Atlas*. O que nos interessa aqui é a premissa coletivista de considerar esse tema como político, como um problema ou dever da "sociedade como um todo".

Como a natureza não garante segurança automática, sucesso e sobrevivência a qualquer ser humano, somente a presunção ditatorial e o canibalismo moral da ética altruísta-coletivista permitem a um homem supor (ou fantasiar) que ele pode, por alguma razão, garantir essa segurança a alguns homens às custas de outros.

Se um homem especula sobre o que a "sociedade" deve fazer pelos pobres, ele aceita, portanto, a premissa coletivista de que a vida do homem pertence à sociedade, e que ele, como membro da sociedade, tem o direito de dispor deles, estabelecer seus objetivos ou planejar a "distribuição" de seus esforços.

Essa é a confissão psicológica implícita nessas questões e em muitas do mesmo tipo.

Na melhor das hipóteses, revela o caos psicoepistemológico de um homem; revela uma falácia que pode ser chamada de "falácia da abstração congelada", que consiste em substituir um determinado fato concreto por uma classe abstrata mais ampla à qual ele pertence – neste caso, substituir uma ética específica (altruísmo) pela abstração mais ampla da "ética". Assim, um homem pode rejeitar a teoria do altruísmo e afirmar que aceitou um código racional – mas, ao não conseguir integrar suas ideias, continua abordando, de maneira impensada, as questões éticas nos termos estabelecidos pelo altruísmo.

Mais frequentemente, no entanto, essa confissão psicológica revela um mal mais profundo: revela a enormidade da extensão em que o altruísmo corrói a capacidade dos homens de compreender o conceito de direitos ou o valor da vida de um indivíduo; revela uma mente da qual se apagou a realidade de um ser humano.

A humildade e a prepotência são sempre dois lados da mesma premissa, e sempre dividem a tarefa de preencher o espaço vazio deixado pela autoestima em uma mentalidade coletivizada. O homem que está disposto a servir como meio para os fins dos outros, necessariamente, considerará os outros como meios para seus fins. Quanto mais neurótico ou conscencioso ele for na prática do altruísmo (e esses dois aspectos de sua psicologia atuarão reciprocamente para reforçar um ao outro), mais ele tenderá a inventar planos "para o bem da humanidade", ou da "sociedade", ou do "público", ou das "gerações futuras" – ou de qualquer coisa, exceto seres humanos reais.

Daí a negligência chocante com que os homens propõem, discutem e aceitam projetos "humanitários" que devem ser impostos por meios políticos; isto é, pela força, sobre um conjunto ilimitado de seres humanos. Se, de acordo com as caricaturas coletivistas, os ricos gananciosos cedessem ao luxo material sob a premissa de "preço não é problema", então, o progresso social trazido pelas mentalidades coletivistas atuais consiste em ceder a um planejamento político altruísta, sob a premissa de "vidas não são problema".

A característica fundamental dessas mentalidades é a defesa de algum objetivo público em grande escala, abandonando contexto, custos ou meios. Fora de contexto, esse objetivo geralmente parece desejável; deve ser público, pois os custos não serão cobertos com recursos legítimos, mas com recursos expropriados; e uma densa mancha de névoa venenosa deve encobrir a questão dos meios – pois os meios são vidas humanas.

O *Medicare*[1] é um exemplo desse tipo de projeto. "Não é desejável que os idosos tenham assistência médica em tempos de doença?", dizem seus defensores. Considerada fora de contexto, a resposta seria: sim, é desejável. Quem teria algum motivo para dizer não? E é neste ponto que os processos mentais de um cérebro coletivizado são rompidos; o resto é névoa. Apenas o desejo permanece em sua visão. É o bem, não é? Não é para mim mesmo, é para os outros, é para o público, para um público desamparado, doente... A névoa esconde fatos como a escravidão e, portanto, a destruição da ciência médica, a regulamentação e a desintegração de toda a prática médica, e o sacrifício da integridade profissional, da liberdade, das carreiras, das ambições, das conquistas, da felicidade, das vidas dos próprios homens que devem fornecer esse objetivo "desejável" – os médicos.

Após séculos de civilização, a maioria dos homens – com exceção dos criminosos – aprendeu que a atitude mental acima não é prática nem moral, na sua vida privada e não pode ser aplicada para realizar seus objetivos privados. Não haveria controvérsia sobre o caráter moral de algum jovem criminoso que declarasse: "não é desejável ter um iate, morar em uma cobertura e beber champagne?" – e recusasse teimosamente a considerar o fato de que roubou um banco e matou dois guardas para alcançar esse objetivo "desejável".

Não há diferença moral entre esses dois exemplos; o número de beneficiários não muda a natureza da ação, ele, simplesmente, aumenta o número de vítimas. Na verdade, o criminoso privado tem uma ligeira superioridade moral: não tem o poder para devastar uma nação inteira, e suas vítimas não estão legalmente desarmadas.

A ética coletivizada do altruísmo protegeu da marcha da civilização a visão de que os homens têm de sua existência pública ou política, mantendo-a como um reservatório, um santuário de vida selvagem, regido pelos costumes da selvageria pré-histórica. Embora os homens tenham um mínimo de respeito pelos

---

[1] Programa do governo dos Estados Unidos que oferece assistência médica especial para idosos e pessoas com certas deficiências e doenças. (N. R.)

direitos individuais em suas relações particulares uns com os outros, ele desaparece quando se voltam para questões públicas – e o que o irrompe na arena política é um homem das cavernas que não concebe qualquer razão pela qual a tribo não pode esmagar o crânio de qualquer indivíduo se assim o desejar.

A característica que distingue essa mentalidade tribal é a visão axiomática, quase "instintiva", da vida humana como forragem, combustível ou meio para qualquer projeto público.

Os exemplos desses projetos são inumeráveis: "não é desejável acabar com as favelas?" (abandonando o contexto do que acontece àqueles na faixa de renda seguinte); "não é desejável ter cidades bonitas e planejadas, seguindo um estilo harmonioso?" (abandonando o contexto de que estilo será imposto aos construtores); "não é desejável ter uma população educada?" (abandonando o contexto de quem educará, o que será ensinado, e o que acontecerá com dissidentes); "não é desejável libertar os artistas, os escritores e os compositores do fardo dos problemas financeiros e deixá-los livres para criar?" (abandonando o contexto de perguntas como: quais artistas, escritores e compositores? Escolhidos por quem? Às custas de quem? À custa dos artistas, escritores e compositores que não têm influência política e cujas rendas, miseravelmente precárias, serão tributadas para "libertar" essa elite privilegiada?) – "A ciência não é desejável? Não é desejável que o homem conquiste o espaço?".

E, aqui, chegamos à essência da irrealidade – a selvagem, cega, assustadora e sangrenta irrealidade – que motiva uma alma coletivizada.

A pergunta que não foi respondida e não tem resposta em todos esses objetivos "desejáveis" é: para quem? Desejos e objetivos pressupõem beneficiários. A ciência é desejável? Para quem? Não para os escravos soviéticos que morrem de epidemias, sujeira, fome, terror ou diante de pelotões de fuzilamento – enquanto alguns jovens brilhantes acenam para eles desde cápsulas espaciais que circulam sobre seus chiqueiros humanos. E não para o pai americano que morreu de insuficiência cardíaca ocasionada por excesso de trabalho, esforçando-se para pagar a faculdade de seu filho – ou para o garoto que não pode pagar a faculdade – ou para o casal morto em um acidente de automóvel porque não podia comprar um carro novo – ou para a mãe que perdeu seu filho porque não teve recursos para interná-lo no melhor hospital – nem para nenhuma das pessoas cujos tributos financiam nossa ciência subsidiada e os projetos públicos de pesquisa.

A ciência só é um valor porque desenvolve, enriquece e protege a vida do homem. Não é um valor fora desse contexto. Nada é um valor fora desse contexto. E "a vida do homem" corresponde às vidas únicas, específicas e insubstituíveis de cada homem, individualmente.

A descoberta de novo conhecimento é um valor para os homens apenas quando e se eles são livres para usar e desfrutar os benefícios do que já era conhecido. Novas descobertas são um valor em potencial para todos os homens, mas não à custa de sacrificar todos os seus valores reais. Um "progresso" estendido ao infinito, que não traz benefício a ninguém, é um absurdo monstruoso. Assim como a "conquista do espaço" por alguns homens, quando e se for alcançada pela expropriação do trabalho de outros, que ficam sem meios para adquirir um par de sapatos.

O progresso advém, apenas, daquilo que sobra dos homens, ou seja, do trabalho daqueles homens cuja habilidade produz mais do que o seu consumo pessoal requer, daqueles que são intelectualmente e financeiramente capazes de se aventurar na busca pelo novo. O capitalismo é o único sistema em que os homens são livres para trabalhar e o progresso é acompanhado, não por privações forçadas, mas por um aumento constante no nível geral de prosperidade, de consumo e de aproveitamento da vida.

É apenas para a irrealidade congelada dentro de um cérebro coletivizado que as vidas humanas são intercambiáveis – e apenas um cérebro assim pode contemplar como "moral" ou "desejável" o sacrifício de gerações de homens vivos por supostos benefícios que a ciência pública, ou indústria pública, ou acordos públicos, trarão aos que ainda estão por nascer.

A Rússia soviética é o exemplo mais claro, mas não o único, das realizações das mentalidades coletivizadas. Duas gerações de russos viveram, trabalharam e morreram na miséria, esperando pela abundância prometida por seus governantes, que pediram paciência e austeridade comandada, enquanto construíam uma "industrialização" pública e matavam a esperança pública em prestações de cinco anos. No início, as pessoas morriam de fome, enquanto esperavam geradores elétricos e tratores; ainda hoje, estão morrendo de fome, enquanto esperam por energia atômica e viagens interplanetárias.

Essa espera não tem fim. Os beneficiários desta carnificina sacrificial em massa, que ainda não nasceram, nunca nascerão – os animais de sacrifício só vão gerar novas hordas de animais de sacrifício, como demonstra a história de todas as tiranias –, enquanto os olhos desfocados de um cérebro coletivizado vão olhar, inabaláveis, e falar sobre uma visão a serviço da humanidade, misturando os cadáveres substituíveis do presente com os fantasmas do futuro, mas sem enxergar homens.

Esse é o estado da realidade na alma de qualquer pessoa tímida, pouco assertiva, que olha com inveja para as realizações dos industriais e sonha com os parques públicos lindos que poderia criar se apenas as vidas, os esforços e os recursos de todos fossem dados a ela.

Todos os projetos públicos são mausoléus, nem sempre em forma, mas sempre em custos.

Da próxima vez que você encontrar um desses sonhadores "com espírito público" que diga rancorosamente que "alguns objetivos muito desejáveis não podem ser atingidos sem a participação de todos", diga-lhe que, se não puder contar com a participação voluntária de todos, seria melhor que seus objetivos não fossem alcançados – e que as vidas dos homens não estão à disposição dele.

E, se você quiser, dê-lhe o seguinte exemplo dos ideais que defende. Do ponto de vista médico, é possível retirar a córnea dos olhos de um homem imediatamente após sua morte e transplantá-las para os olhos de um homem vivo que é cego, restaurando, assim, sua visão (em certos tipos de cegueira). Agora, segundo a ética coletivista, isso gera um problema social. Deveríamos esperar até a morte de um homem para retirar seus olhos, quando outros precisam deles? Deveríamos considerar os olhos de todos como propriedade pública e planejar um "método justo de distribuição"? Você defenderia a retirada dos olhos de um homem vivo para dá-los a um homem cego, de modo a "igualá-los"? Não? Então, esqueça questões sobre "projetos públicos" em uma sociedade livre. Você sabe a resposta. O princípio é o mesmo.

Janeiro de 1963

CAPÍTULO 11

CAPÍTULO 11
OS CONSTRUTORES DE MONUMENTOS

Ayn Rand

O que uma vez foi um suposto ideal, agora, é um esqueleto esfarrapado sacudindo como um espantalho ao vento sobre o mundo; mas os homens não têm a coragem de olhar para cima e descobrir a caveira sorridente sob os trapos ensanguentados. Esse esqueleto é o socialismo.

Cinquenta anos atrás, pode ter havido alguma desculpa (embora não justificativa) para a crença generalizada de que o socialismo é uma teoria política motivada pela benevolência e que aspira à conquista do bem-estar humano. Hoje, essa crença não pode ser mais considerada como um erro inocente. O socialismo foi tentado em todos os continentes do globo. À luz de seus resultados, é hora de questionar os motivos dos defensores do socialismo.

A característica essencial do socialismo é a negação dos direitos de propriedade do indivíduo; sob o socialismo, o direito à propriedade (que é o direito de uso e controle) é outorgado à "sociedade como um todo", isto é, ao coletivo; com produção e distribuição controladas pelo Estado, ou seja, pelo governo.

O socialismo pode ser implantado pela força, como na União das Repúblicas Socialistas Soviéticas – ou pelo voto, como na Alemanha (nacional-socialista) nazista. O grau de socialização pode ser total, como na Rússia – ou parcial, como na Inglaterra. Teoricamente, as diferenças são superficiais; na prática, são apenas uma questão de tempo. O princípio básico, em todos os casos, é o mesmo.

Os supostos objetivos do socialismo eram: a abolição da pobreza, a conquista da prosperidade geral, do progresso, da paz e da fraternidade humana. Os resultados têm sido um fracasso aterrorizante – quer dizer, aterrorizante se o motivo é o bem-estar dos homens.

Ao invés de prosperidade, o socialismo trouxe paralisia e/ou colapso econômico a cada país que o experimentou. O grau de socialização tem sido o grau do desastre. As consequências variaram de acordo.

A Inglaterra, que já foi a nação mais livre e orgulhosa da Europa, foi reduzida ao *status* de potência de segunda classe e está perecendo lentamente de hemofilia, perdendo o melhor de seu sangue econômico: a classe média e as profissões. Os homens capazes, competentes, produtivos e independentes estão partindo aos milhares, migrando para o Canadá ou Estados Unidos, em busca de liberdade. Estão fugindo do reino da mediocridade, do cortiço asqueroso de onde, tendo vendido seus direitos em troca de dentaduras grátis, os reclusos, agora, queixam-se de que preferiram ser vermelhos do que mortos[1].

Em países mais plenamente socializados, a fome foi o começo, a insígnia que anunciava o regime socialista – como na Rússia soviética, como na China vermelha, como em Cuba. Nesses países, o socialismo reduziu o povo à pobreza indizível dos tempos pré-industriais, à inanição literal, mantendo-o em um nível estagnado de miséria.

Não, não é "apenas temporário", como os apologistas do socialismo têm dito por meio século. Após 45 anos de planejamento governamental, a Rússia, ainda, é incapaz de resolver o problema de alimentar sua população.

No que tange à produtividade superior e à velocidade de progresso econômico, a pergunta de todas as comparações entre o capitalismo e o socialismo foi respondida de uma vez por todas – para qualquer pessoa honesta – pela diferença atual entre Berlim Ocidental e Oriental.

Em vez de paz, o socialismo introduziu um novo tipo de loucura perversa nas relações internacionais – a "guerra fria", que é um estado de guerra crônica com períodos não declarados de paz entre invasões injustificadamente repentinas e arbitrárias – com a Rússia tomando um terço do globo, com as tribos e nações socialistas esganando umas às outras, com a Índia socialista invadindo Goa, e a China comunista invadindo a Índia socialista.

Um sinal eloquente da corrupção moral de nossa época é a complacência insensível com que a maioria dos socialistas e seus simpatizantes, os progressistas, encaram as atrocidades perpetradas nos países socialistas e aceitam o gover-

---

[1] "Melhor vermelho do que morto" ou "melhor morto do que vermelho" (em inglês: *Better red than dead; better dead than red*) foram *slogans* políticos usados durante a Segunda Guerra Mundial pela Alemanha e, durante a Guerra Fria, pelos Estados Unidos e outros países, referindo-se ao vermelho como a cor emblemática do comunismo. (N. R.)

no pelo terror como uma forma de vida – enquanto posam como defensores da "fraternidade humana". Na década de 1930, protestaram contra as atrocidades da Alemanha nazista. Mas, aparentemente, não foi uma questão de princípios, mas, apenas, o protesto de uma gangue rival lutando pelo mesmo território – porque não ouvimos mais suas vozes.

Em nome da "humanidade", toleram e aceitam o seguinte: a abolição de toda liberdade e todos os direitos, a expropriação de toda a propriedade, as execuções sem julgamento, as câmaras de tortura, os campos de trabalho forçado, a chacina em massa de incontáveis milhões na Rússia soviética e o horror sangrento da Berlim Oriental, incluindo os corpos crivados de balas de crianças que tentavam escapar.

Quando se observa o pesadelo dos esforços desesperados feitos por centenas de milhares de pessoas lutando para fugir dos países socialistas da Europa, para fugir das cercas de arame farpado, sob o fogo de metralhadoras, já não se pode acreditar que o socialismo, em qualquer de suas formas, seja motivado pela benevolência e pelo desejo de alcançar o bem-estar dos homens.

Nenhum homem autenticamente benevolente poderia negar ou ignorar tamanho horror em tão vasta escala.

O socialismo não é um movimento do povo. É um movimento de intelectuais, originado, liderado e controlado por intelectuais, levado por eles para fora de suas sufocantes torres de marfim e aplicado nos campos sangrentos da prática, onde se unem a seus aliados e executores: os facínoras.

Então, qual é a motivação desses intelectuais? A ânsia de poder – como manifestação de impotência, de aversão a si mesmo e de desejo pelo imerecido.

O desejo pelo imerecido tem dois aspectos: o imerecido em matéria e o imerecido em espírito (por "espírito", quero dizer: a consciência do homem). Esses dois aspectos são necessariamente interrelacionados, mas o desejo de um homem pode estar focado, predominantemente, em um ou em outro. O desejo pelo imerecido em espírito é o mais destrutivo e o mais corrupto dos dois. É o desejo pela grandeza imerecida, expresso (mas não definido) pela escuridão nebulosa do termo "prestígio".

Os caçadores de benefícios materiais imerecidos são simplesmente parasitas financeiros, vagabundos, saqueadores ou criminosos, limitados em número e em inteligência para serem uma ameaça à civilização, até e a menos que sejam libertados e legalizados pelos caçadores de grandeza imerecida.

A grandeza imerecida é um conceito tão irreal e tão neurótico que o bandido que a busca não pode identificá-la nem mesmo para si: identificá-la é torná-la impossível. Ele precisa dos *slogans* irracionais e indefiníveis do altruísmo e do coletivismo para dar uma forma semiplausível ao seu impulso inominável e ancorá-lo na realidade – para sustentar sua própria autodecepção, mais do que enganar suas vítimas. "O público", "o interesse público", "o serviço ao público" são os meios, as ferramentas, os pêndulos que oscilam na auto-hipnose dos que buscam poder.

Dado que não existe essa suposta entidade "o público" e dado que o público é, meramente, um conjunto de indivíduos, qualquer conflito, alegado ou implícito, entre "interesse público" e interesses privados, significa que os interesses de alguns homens serão sacrificados pelos interesses e desejos de outros. Já que o conceito é tão convenientemente indefinível, seu uso repousa, apenas, em qualquer habilidade de uma gangue qualquer proclamar que "o público, *sou eu*" – e sustentar a reivindicação à ponta de uma arma.

Nenhuma afirmação como essa já foi ou jamais pôde ser mantida sem ajuda de uma arma, ou seja, sem força física. Mas, por outro lado, sem essa afirmação, os pistoleiros permaneceriam no lugar a que pertencem: no submundo, e não chegariam aos conselhos de Estado para dirigir os destinos das nações.

Há duas formas de alegar que "o público, *sou eu*": uma é praticada pelo parasita material bruto que solicita auxílio governamental em nome de uma necessidade "pública" e embolsa o que não mereceu; a outra é praticada por seu líder, o parasita espiritual, que tira sua ilusão de "grandeza" – como um receptador que recebe bens roubados – do poder para dispor do que não mereceu e da visão mística de si mesmo como porta-voz "do público".

Dos dois, o parasita material é psicologicamente mais saudável e mais próximo da realidade: pelo menos, come ou veste o que roubou. Porém, a única fonte de satisfação aberta ao parasita espiritual, seu único meio para obter "prestígio" (além de dar ordens e espalhar terror) é a atividade mais perdulária, inútil e sem sentido de todas: a construção de monumentos públicos.

A grandeza é alcançada pelo esforço produtivo da mente de um homem na busca de objetivos racionais claramente definidos. Mas uma ilusão de grandeza pode ser realizada, apenas, pela quimera indefinível e mutável de um monumento público – apresentado como um magnífico presente às vítimas cujo trabalho forçado ou dinheiro extorquido pagaram por ele – dedicado ao serviço de todos e de ninguém, pertencente a todos e a ninguém, admirado por todos e usufruído por ninguém.

Essa é a única forma que o governante tem de aplacar sua obsessão: "prestígio". Prestígio – aos olhos de quem? De qualquer um. Aos olhos de suas vítimas torturadas, dos mendigos nas ruas de seu reino, dos aduladores de sua corte, das tribos estrangeiras e seus governantes além das fronteiras. Foi para impressionar todos esses olhos – os olhos de todos e de ninguém – que o sangue de gerações de súditos foi derramado e gasto.

Pode-se ver, em certos filmes bíblicos, uma imagem explícita do significado da construção de monumentos públicos: a construção das pirâmides. Hordas de homens famintos, esfarrapados e emaciados forçando até a última fibra de seus músculos inadequados à tarefa desumana de puxar as cordas que arrastam grandes pedaços de pedras, esforçando-se como bestas de carga torturadas sob as chicotadas de capatazes, desfalecendo no trabalho e morrendo nas areias do deserto para que um faraó morto pudesse repousar em uma estrutura imponente sem sentido e, assim, alcançar o "prestígio" eterno aos olhos das gerações futuras.

Templos e palácios são os únicos monumentos deixados pelas primeiras civilizações da humanidade. Foram criados pelos mesmos meios e ao mesmo preço – um preço não justificado pelo fato de que povos primitivos sem dúvida acreditavam, enquanto morriam de fome e exaustão, que o "prestígio" de sua tribo, de seus governantes ou de seus deuses, de alguma forma, tinha algum valor para eles.

Roma caiu, falida por tributos e controles do Estado, enquanto seus imperadores construíam coliseus. Luís XIV (1638-1715) da França tributou seu povo até o estado de indigência, enquanto construía o Palácio de Versailles para que monarcas contemporâneos o invejassem e para os turistas modernos visitarem. O metrô revestido de mármore em Moscou, construído pelo trabalho "voluntário" e não remunerado de trabalhadores russos, incluindo mulheres, é um monumento público, assim como é o luxo característico dos czares e suas recepções regadas a champagne e caviar nas embaixadas soviéticas, o que é necessário – enquanto o povo fica na fila por rações insuficientes de comida – para "manter o prestígio da União Soviética".

A grande distinção dos Estados Unidos da América, até as últimas décadas, foi a modéstia de seus monumentos públicos. Os monumentos que existiam eram genuínos: não foram erigidos por "prestígio", mas eram estruturas funcionais que receberam eventos de grande importância histórica. Se você já viu a simplicidade austera do Independence Hall, percebeu a diferença entre uma grandeza autêntica e as pirâmides do "espírito público" dos caçadores de prestígio.

Nos Estados Unidos, o esforço humano e recursos materiais não foram expropriados para construir monumentos e projetos públicos, mas gastos para o progresso do bem-estar privado, pessoal e individual de cada cidadão. A grandeza dos Estados Unidos está no fato de que seus verdadeiros monumentos não são públicos.

O horizonte de Nova York é um monumento de um esplendor que nenhuma pirâmide ou palácio jamais igualará ou alcançará. No entanto, os arranha-céus não foram construídos com fundos públicos, nem com um propósito público: foram construídos pela energia, iniciativa e riqueza de indivíduos privados para lucro pessoal. E, em vez de empobrecer o povo, esses arranha-céus, conforme ficavam cada vez mais altos, aumentavam o padrão de vida das pessoas – incluindo os habitantes das favelas, que levam uma vida de luxo, se comparada à vida de um antigo escravo egípcio ou de um trabalhador socialista soviético moderno.

Essa é a diferença – em teoria e prática – entre o capitalismo e o socialismo.

É impossível calcular o sofrimento, a degradação, a privação e o horror humanos que "custearam" um único arranha-céu badalado de Moscou, ou as fábricas, ou as minas, ou as barragens soviéticas, ou qualquer parte de sua "industrialização" financiada a sangue e saques. O que sabemos, de fato, é que 45 anos é muito tempo: é a duração de duas gerações; sabemos que, em nome de uma abundância prometida, duas gerações de seres humanos viveram e morreram em pobreza sub-humana; e, também, sabemos que os defensores atuais do socialismo não são desencorajados por um fato desse tipo.

Seja qual for o motivo que possam declarar, a benevolência é algo que há muito tempo perderam o direito de reivindicar.

A ideologia da socialização (em uma forma neofascista), hoje, flutua, por omissão, através do vácuo de nossa atmosfera cultural e intelectual. Observe com que frequência nos pedem "sacrifícios" indefinidos para propósitos não especificados. Observe com que frequência a administração atual invoca o "interesse público". Observe que relevância a questão do prestígio internacional repentinamente adquiriu, e que políticas grotescamente suicidas são justificadas em referência a questões de "prestígio". Observe que, durante a recente crise cubana, quando a questão factual dizia respeito a mísseis nucleares e guerras nucleares, nossos diplomatas e comentaristas consideraram adequado pesar seriamente coisas como o "prestígio", os sentimentos pessoais e a "proteção da imagem" dos diversos governantes socialistas envolvidos.

Não há diferença entre os princípios, as políticas e os resultados práticos do socialismo e o das tiranias históricas e pré-históricas. O socialismo é, meramente, uma monarquia absolutista democrática, isto é, um sistema de absolutismo sem um chefe fixo, aberto à tomada de poder por todos que se aproximam, por qualquer alpinista, oportunista, aventureiro, demagogo ou facínora sem escrúpulos.

Quando você julgar o socialismo, não se engane sobre a sua natureza. Lembre-se de que não existe essa tal dicotomia entre "direitos humanos" *versus* "direitos de propriedade". Não existem direitos humanos sem direitos de propriedade. Considerando que os bens materiais são produzidos pela mente e esforço de cada homens individualmente, e são necessários para sustentar suas vidas, se o produtor não é dono do resultado de seu esforço, ele não é dono de sua vida. Negar os direitos de propriedade significa transformar homens em propriedades possuídas pelo Estado. Quem reivindica o "direito" a "redistribuir" a riqueza produzida por outros está reivindicando o "direito" de tratar os seres humanos como um bem móvel.

Quando você considerar a devastação global perpetrada pelo socialismo, o mar de sangue e os milhões de vítimas, lembre-se de que elas foram sacrificadas não pelo "bem da humanidade", nem por um "ideal nobre", mas pela vaidade purulenta de algum brutamontes assustado ou algum medíocre pretensioso que ansiava por um manto de "grandeza" imerecida – e que o monumento ao socialismo é uma pirâmide de fábricas públicas, teatros públicos e parques públicos, erigidos sobre a fundação de cadáveres humanos, com a figura de um governante posando no alto, batendo no peito e gritando seu apelo por "prestígio" ao vazio sem estrelas acima dele.

Dezembro de 1962

CAPÍTULO 12

CAPÍTULO 12
OS DIREITOS DO HOMEM

Ayn Rand

Se alguém deseja defender uma sociedade livre – isto é, o capitalismo – deve perceber que seu alicerce indispensável é o princípio dos direitos individuais. Se deseja preservar os direitos individuais, deve perceber que o capitalismo é o único sistema que pode preservá-los e protegê-los. E, se deseja avaliar a relação da liberdade com os objetivos dos intelectuais atuais, deve avaliá-la pelo fato de que o conceito de direitos individuais é evitado, distorcido, pervertido e, raramente, discutido, menos ainda, pelos chamados "conservadores".

"Direitos" são um conceito moral, o conceito que fornece uma transição lógica dos princípios que guiam as ações de um indivíduo aos princípios que guiam sua relação com os outros; o conceito que preserva e protege a moralidade individual em um contexto social; a ligação entre o código moral de um homem e o código jurídico de uma sociedade, entre a ética e a política. Direitos individuais são os meios de subordinar a sociedade à lei moral.

Todo sistema político é baseado em algum código de ética. A ética dominante na história da humanidade foi uma variação da doutrina altruísta-coletivista, que subordinava o indivíduo a alguma autoridade superior, mística ou social. Consequentemente, a maioria dos sistemas políticos foi uma variação da mesma tirania estatista, diferindo, apenas, em grau, não em princípio básico; limitada, apenas, pelos acidentes da tradição, do caos, do conflito sangrento e do colapso periódico. Sob todos esses sistemas, a moralidade foi um código aplicável ao indivíduo, mas não à sociedade. A sociedade era deixada fora da lei moral, uma vez que sua personificação, fonte ou intérprete exclusivo – e a inculcação da devoção autossacrificial ao dever social – era considerada o propósito principal da ética na existência terrena do homem.

Como não existe essa tal entidade chamada "sociedade", dado que sociedade é, apenas, um conjunto de indivíduos, isso significou, na prática, que os soberanos da sociedade estavam isentos da lei moral. Sujeitos, apenas, aos rituais da tradição, detinham poder total e cobravam obediência cega ao princípio implícito de que "o bem é aquilo que é bom para a sociedade (ou para a tribo, a raça, a nação), e os decretos do soberano são sua voz na Terra".

Isso era verdade para todos os sistemas estatistas, sob todas as variações da ética altruísta-coletivista, místicas ou sociais. "O direito divino dos reis" resume a teoria política das primeiras. "A voz do povo é a voz de Deus", das segundas. Como testemunha: a teocracia do Egito, com o Faraó como um deus encarnado; a regra ilimitada da maioria ou democracia de Atenas; o estado de bem-estar social dirigido pelos imperadores de Roma; a Inquisição do final da Idade Média; a monarquia absolutista da França; o estado de bem-estar social da Prússia de Otto von Bismarck (1815-1898); as câmaras de gás da Alemanha nazista e o matadouro da União Soviética.

Todos esses sistemas políticos foram expressões da ética altruísta-coletivista e sua característica comum é o fato de a sociedade estar acima da lei moral, como uma onipotente e soberana adoradora de caprichos. Assim, politicamente, todos esses sistemas eram variantes de uma sociedade amoral.

A realização mais profundamente revolucionária dos Estados Unidos da América foi a subordinação da sociedade à lei moral.

O princípio dos direitos individuais do homem representou a expansão da moralidade ao sistema social, como uma limitação ao poder do Estado, como proteção do homem contra a força bruta do coletivo e como subordinação do poder ao direito. Os Estados Unidos foram a primeira sociedade moral na história.

Todos os sistemas anteriores consideravam o homem como um meio sacrificial para os fins dos outros, e a sociedade como um fim em si mesma. Os Estados Unidos consideraram o homem como um fim em si mesmo, e a sociedade como um meio para a coexistência pacífica, ordenada e voluntária dos indivíduos. Todos os sistemas anteriores afirmavam que a vida do homem pertence à sociedade, que a sociedade pode dispor dele como desejar, e que qualquer liberdade de que ele desfrute é sua, somente, por favor, pela permissão da sociedade, podendo ser revogada a qualquer momento. Os Estados Unidos sustentavam que a vida do homem é dele por direito (ou seja, por princípio moral e por sua natureza), que um direito é propriedade de um indivíduo, que a sociedade como tal não tem direitos, e que o único propósito moral de um governo é a proteção dos direitos individuais.

Um "direito" é um princípio moral que define e sanciona a liberdade de ação do homem em um contexto social. Existe, apenas, um direito fundamental (todos os outros são suas consequências ou corolários): o direito do homem à sua própria vida. A vida é um processo de ação autossustentada e autogerada; o direito à vida significa o direito de se empenhar nesse tipo de ação, o que significa: a liberdade de executar todas as ações requeridas pela natureza de um ser racional para o suporte, a expansão, a realização e o desfrute de sua própria vida (esse é o significado do direito à vida, à liberdade e à busca da felicidade).

O conceito de "direito" pertence, apenas, à ação – especificamente, à liberdade de ação. Significa estar livre de toda compulsão física, coerção ou interferência de outros homens.

Assim, para todo indivíduo, um direito é a sanção moral de um tipo positivo – de sua liberdade para agir por seu próprio julgamento, por seus próprios objetivos, por sua própria escolha voluntária, não coagida. Quanto aos seus vizinhos, os direitos de um indivíduo não impõem nenhuma obrigação sobre eles, exceto de um tipo negativo: absterem-se de violar os direitos dele.

O direito à vida é a fonte de todos os direitos e o direito à propriedade é a única forma de implementá-lo. Sem direitos de propriedade, nenhum outro direito é possível. Dado que o homem tem que sustentar sua vida por seu próprio esforço, o homem que não tem direito ao produto de seu esforço não tem meios para sustentar sua vida. O homem que produz, enquanto outros dispõem de sua produção, é um escravo.

Tenha em mente que o direito à propriedade é um direito à ação, como todos os outros. Não é o direito a um objeto, mas à ação e às consequências de produzir ou obter tal objeto. Não é uma garantia de que um homem obterá qualquer propriedade, mas, apenas, a garantia de que será sua se ele a obtiver. É o direito de obter, manter, usar e dispor de valores materiais.

O conceito de direitos individuais é tão novo na história humana que a maioria dos homens não o compreendeu totalmente até hoje. De acordo com duas teorias éticas, a mística e a social, alguns homens afirmam que direitos são um presente de Deus. Outros, que são um presente da sociedade. Mas, na verdade, a fonte dos direitos é a natureza do homem.

A Declaração da Independência (1776) dizia que os homens "são dotados pelo seu Criador com certos direitos inalienáveis". Se alguém acredita que o homem é o produto de um Criador ou da natureza, a questão da origem humana não altera o fato de ele ser uma entidade de um tipo específico – um ser racional –, de não poder funcionar com êxito sob coerção, e de que os direitos sejam uma condição necessária de seu modo particular de sobrevivência.

A fonte dos direitos do homem não é a lei divina nem as leis das assembleias legislativas, e sim a lei da identidade. A é A – e o homem é o homem. Os *direitos* são condições da existência exigidos pela natureza humana para a sua sobrevivência. Para que o homem possa viver na Terra, é *direito* que ele use a sua mente, é *direito* que aja com base em seu livre-arbítrio, é *direito* que trabalhe por seus valores e guarde o produto do seu trabalho. Se a vida na Terra é seu objetivo, ele tem o *direito* de viver como um ser racional: a natureza lhe proíbe o irracional[1].

Violar os direitos do homem significa compeli-lo a agir contra seu próprio julgamento ou expropriar seus valores. Basicamente, existe, apenas, uma forma de fazer isso: pelo uso da força física. Há dois violadores potenciais dos direitos do homem: os criminosos e o governo. A grande conquista dos Estados Unidos foi traçar uma distinção entre esses dois – proibindo ao segundo a versão legalizada das atividades do primeiro.

A Declaração da Independência estabeleceu o princípio de que "para garantir esses direitos, os governos são instituídos entre os homens". Essa foi a única justificação válida de um governo e definiu o seu único propósito adequado: proteger os direitos do homem, resguardando-o da violência física.

Assim, a função do governo mudou do papel de soberano para o de servo. O governo foi instituído para proteger o homem dos criminosos e a Constituição foi escrita para proteger o homem do governo. A Declaração dos Direitos (1789) não foi dirigida contra cidadãos privados, mas contra o governo, como uma declaração explícita de que os direitos individuais suplantam qualquer poder público ou social.

O resultado foi o padrão de uma sociedade civilizada que, pelo breve período de cerca de cento e cinquenta anos, os Estados Unidos se aproximaram de alcançar. Uma sociedade civilizada é aquela em que a força física é banida das relações humanas, em que o governo, agindo como um policial, pode usar a força, apenas, em retaliação e, somente, contra aqueles que iniciam seu uso.

Esses foram o significado e o propósito essenciais da filosofia política dos Estados Unidos, implícitos no princípio dos direitos individuais. Mas não foram formulados explicitamente, nem aceitos por completo ou praticados consistentemente.

A contradição interna dos Estados Unidos foi a ética altruísta-coletivista. O altruísmo é incompatível com a liberdade, com o capitalismo e com os direitos individuais. Não se pode combinar a busca da felicidade com a condição moral de um animal de sacrifício.

Foi o conceito de direitos individuais que deu à luz uma sociedade livre. Foi com a destruição dos direitos individuais que começou a destruição da liberdade.

Uma tirania coletivista não se atreve a escravizar um país através do confisco total dos seus valores materiais ou morais. Isso deve ser feito por um processo de corrupção interna. Tal qual, no domínio material, o saque da riqueza de

---

[1] RAND, Ayn. *A Revolta de Atlas. Op. cit.*, Vol. III, p. 386.

um país é efetuado inflacionando a moeda. Assim, hoje, pode-se testemunhar o processo de inflação sendo aplicado ao domínio dos direitos. O processo acarreta tamanho crescimento de "direitos" recém-promulgados que as pessoas nem percebem o fato de que o significado do conceito está sendo invertido. Assim como dinheiro ruim afasta dinheiro bom, esses "direitos impressos" negam os direitos autênticos.

Considere o fato curioso de que nunca houve tamanha proliferação, ao redor do mundo, de dois fenômenos contraditórios: de supostos novos "direitos" e de campos de trabalhos forçados.

O "chamariz" era a mudança do conceito de direitos do domínio político para o econômico.

A plataforma de 1960 do Partido Democrata resume essa mudança de forma arrojada e explícita. Declara que uma administração democrata "reafirmará a declaração econômica de direitos que Franklin Delano Roosevelt (1882-1945) registrou em nossa consciência nacional 16 anos atrás".

Recorde-se, claramente, o significado do conceito de "direitos" ao ler a lista que a plataforma oferece:

1. O direito a um emprego útil e remunerado nas indústrias, lojas, fazendas ou minas da nação;

2. O direito a ganhar o suficiente para prover comida, vestuário e recreação adequados;

3. O direito de todo fazendeiro criar e vender seus produtos a um valor que dê uma vida decente a ele e à sua família;

4. O direito de todo empresário, pequeno ou grande, de negociar em uma atmosfera livre de concorrência desleal e domínio de monopólios domésticos ou estrangeiros;

5. O direito de toda família a um lar decente;

6. O direito aos cuidados médicos adequados e à oportunidade de alcançar e gozar de boa saúde;

7. O direito à proteção adequada dos temores econômicos relativos à idade avançada, doença, acidentes e desemprego;

8. O direito a uma boa educação.

Uma única pergunta adicionada a cada um dos oito pontos acima tornaria a questão clara: às custas de quem?

Empregos, comida, vestuário, recreação (!), moradia, cuidados médicos, educação etc, não crescem na natureza. São valores feitos pelo homem – mercadorias e serviços produzidos pelos homens. Quem deve fornecê-los?

Se alguns homens são titulares, por direito, dos produtos do trabalho de outros, isso significa que estes são privados de direitos e condenados ao trabalho escravo.

Qualquer suposto "direito" de um homem que exige a violação dos direitos de outro não é, e não pode ser, um direito.

Nenhum homem pode ter o direito de impor uma obrigação não escolhida, um dever não recompensado, ou uma servidão involuntária, a outro homem. Não pode existir algo como "o direito de escravizar".

Um direito não inclui a implementação material daquele direito por outros homens; inclui, apenas, a liberdade de obter tal implementação por seus próprios esforços.

Observe, neste contexto, a precisão intelectual dos Pais Fundadores dos Estados Unidos: falavam do direito à busca da felicidade, não do direito à felicidade. Significa que um homem tem o direito de tomar as medidas que julgue necessárias para alcançar sua felicidade; não significa que os outros devem fazê-lo feliz.

O direito à vida significa que um homem tem o direito de manter sua vida por seu próprio trabalho (em qualquer nível econômico, tão alto quanto sua habilidade o leve); não significa que os outros devem supri-lo com as necessidades da vida.

O direito à propriedade significa que um homem tem o direito de tomar as medidas econômicas necessárias para obter propriedade, usá-la e dispor dela; não significa que os outros devam prover-lhe com propriedades.

A liberdade de expressão significa que o homem tem o direito de expressar suas ideias sem perigo de supressão, interferência ou ação punitiva do governo. Não significa que outros devam dar-lhe um auditório, uma estação de rádio ou uma impressora para expressar suas ideias.

Qualquer empreendimento que envolva mais do que um homem requer o consentimento voluntário de cada participante. Cada um deles tem o direito de tomar sua própria decisão, mas nenhum tem o direito de impô-la aos outros.

Não existe tal coisa como "direito a um emprego", existe, apenas, o direito do livre comércio, ou seja: o direito de um homem de aceitar um emprego se outro homem escolhe contratá-lo. Não existe "direito a uma casa", apenas, o direito do livre comércio: o direito a construir uma casa ou a comprá-la. Não existe "direito a um salário 'justo' ou a um preço 'justo'", se ninguém escolhe pagá-lo, contratar um homem ou comprar seu produto. Não existe "direito do consumidor" ao leite, sapatos, filmes ou champagne, se nenhum produtor escolher produzir esses itens (existe, apenas, o direito de fabricá-los). Não existem "direitos" de grupos especiais, não existem "direitos de fazendeiros, de trabalhadores, de empresários, de funcionários, de empregadores, dos idosos, dos jovens, dos ainda não nascidos". Existem, apenas, os direitos do homem, direitos possuídos por cada homem, individualmente, e por todos os homens enquanto indivíduos.

Os direitos de propriedade e do livre comércio são os únicos "direitos econômicos" do homem (são, na verdade, direitos políticos) e não pode haver algo como "uma declaração econômica de direitos". Mas observe que os defensores desta última, praticamente, destruíram os primeiros.

Lembre que direitos são princípios morais que definem e protegem a liberdade de ação de um homem, mas não impõem obrigações a outros. Cidadãos privados não são uma ameaça aos direitos ou liberdade uns dos outros. Um cidadão privado que recorre à força física e viola o direito de outros é um criminoso e os homens têm proteção legal contra ele.

Criminosos são uma pequena minoria em qualquer época ou país. E o dano que causaram ao gênero humano foi ínfimo, se comparado aos horrores – a carnificina, as guerras, as perseguições, os confiscos, as fomes, as escravidões, as destruições indiscriminadas – perpetrados pelos governos que dirigiram a humanidade. Potencialmente, um governo é a mais perigosa ameaça aos direitos do homem: ele mantém um monopólio legal sobre o uso da força física contra vítimas legalmente desarmadas. Quando ilimitado e não restrito pelos direitos individuais, um governo é o inimigo mais mortal dos homens. Não foi como proteção contra ações privadas, mas governamentais, que a Declaração dos Direitos foi escrita.

Observe, agora, o processo pelo qual essa proteção está sendo destruída.

O processo consiste em atribuir a cidadãos privados as violações específicas constitucionalmente proibidas ao governo (que cidadãos privados não têm poder algum de cometer), libertando o governo, assim, de todas as restrições. A mudança está se tornando cada vez mais óbvia no campo da liberdade de expressão. Por anos, os coletivistas têm propagado a noção de que a recusa do indivíduo privado a financiar um oponente é uma violação do direito do oponente à liberdade de expressão e um ato de "censura".

É "censura", dizem eles, se um jornal se negar a empregar ou publicar escritores cujas ideias são diametralmente opostas à sua política editorial.

É "censura", dizem eles, se empresários se recusam a anunciar em uma revista que os acusa, insulta e difama.

É "censura", dizem eles, se um patrocinador de TV se opõe a algum ultraje perpetrado em um programa que financia – como o incidente de Alger Hiss (1904-1996), que foi convidado a denunciar o ex-vice-presidente Richard Nixon (1913-1994).

E, então, temos Newton N. Minow que declara: "há censura por classificações, por anunciantes, por redes, por afiliados, que rejeitam a programação oferecida a suas áreas". É o mesmo Sr. Minow que ameaça revogar a licença de qualquer estação que não obedeça suas visões de programação e que afirma que isso não é censura.

Considere as implicações dessa tendência.

"Censura" é um termo que pertence, somente, à ação governamental. Nenhuma ação privada pode ser considerada censura. Nenhum indivíduo ou agência privada pode silenciar um homem ou suprimir uma publicação; somente o governo pode fazê-lo. A liberdade de expressão de indivíduos privados inclui o direito de não concordar, não ouvir e não financiar os seus próprios antagonistas.

Mas, de acordo com doutrinas como a "declaração econômica de direitos", um indivíduo não tem direito a dispor de seus próprios meios materiais, orientado por suas próprias convicções e deve entregar seu direito indiscriminadamente a quaisquer porta-vozes ou divulgadores que tenham "direito" à sua propriedade.

Isso significa que a habilidade de garantir as ferramentas materiais para a expressão das ideias priva o homem do direito de ter quaisquer ideias. Significa que um editor deve publicar livros que considere sem valor, falsos ou ruins, que um patrocinador de televisão tem de financiar comentaristas que escolhem confrontar suas convicções, que o dono de um jornal deve entregar suas páginas editoriais para qualquer jovem arruaceiro que clame pela escravização da imprensa. Significa que um grupo de homens adquire o "direito" à licença ilimitada, enquanto outro grupo é reduzido à irresponsabilidade impotente.

Mas, como é obviamente impossível garantir um emprego, um microfone ou uma coluna no jornal a todos que pedem, quem determinará a "distribuição" de "direitos econômicos" e selecionará os beneficiários, quando o direito de escolher dos proprietários tiver sido abolido? Bem, o Sr. Minow indicou isso muito claramente.

E, se você comete o erro de pensar que isso se aplica, apenas, a donos de grandes propriedades, é melhor dar-se conta de que a teoria dos "direitos econômicos" inclui o "direito" de todos que gostariam de ser dramaturgos, todo poeta *beatnik*, todo compositor de barulhos e todo artista não objetivo (que tenha influência política) ao apoio financeiro que você não lhes deu quando não compareceu aos seus espetáculos. O que mais significa o projeto de gastar o dinheiro de seus impostos no subsídio à arte?

E, enquanto as pessoas vociferam sobre "direitos econômicos", o conceito de direitos políticos está desaparecendo. Esquecem que a liberdade de expressão significa a liberdade de defender as visões de um indivíduo e arcar com as consequências possíveis, incluindo discordância com outros, oposição, impopularidade e falta de apoio. A função política do "direito à liberdade de expressão" é proteger dissidentes e minorias impopulares contra repressões forçadas, não lhes garantir apoio, vantagens e recompensa de uma popularidade que não conquistaram.

A Declaração dos Direitos diz: "o Congresso não fará nenhuma lei (...) limitando a liberdade de expressão, ou de imprensa...". Ela não exige que cidadãos privados forneçam um microfone para o homem que defende a sua destruição, ou uma chave-mestra para o assaltante que quer roubá-los, ou uma faca para o assassino que quer cortar seus pescoços.

Essa é a situação de uma das questões mais cruciais de hoje: direitos políticos *versus* "direitos econômicos". É um ou outro. Um destrói o outro. Mas não existem, de fato, "direitos econômicos", "direitos coletivos" e "direitos de interesse público". O termo "direitos individuais" é uma redundância: não existe nenhum outro tipo de direito e mais ninguém para tê-lo.

Aqueles que defendem o capitalismo *laissez-faire* são os únicos defensores dos direitos humanos.

Abril de 1963

CAPÍTULO 13

CAPÍTULO 13
"Direitos" coletivizados

Ayn Rand

Direitos são um princípio moral que define relações sociais adequadas. Assim como um homem precisa de um código moral para sobreviver (para agir, escolher os objetivos certos e alcançá-los), também, a sociedade (um grupo de homens) precisa de princípios morais para organizar um sistema social harmonioso com a natureza do homem e com os requisitos de sua sobrevivência.

Assim como um homem pode fugir da realidade e agir por capricho cego há qualquer momento, mas não pode alcançar nada além de autodestruição progressiva, também, uma sociedade pode fugir da realidade e estabelecer um sistema regido pelos caprichos cegos de seus membros ou de seu líder, pelo grupo majoritário de determinado momento, pelo demagogo atual ou por um ditador permanente. Mas uma sociedade como essa não pode alcançar nada além do regime da força bruta e um estado de autodestruição progressiva.

O que o subjetivismo é no campo da ética, o coletivismo é no campo da política. Assim como a noção de que "tudo que eu faço está certo porque eu escolhi fazê-lo" não é um princípio moral, mas uma negação da moralidade, também, a noção de que "tudo que a sociedade faz é certo porque ela escolheu fazê-lo" não é um princípio moral, mas uma negação dos princípios morais e o banimento da moralidade das questões sociais.

Quando "poder" se opõe a "direito", o conceito de "poder" só pode ter um significado: o poder da força física, bruta, que, na verdade, não é um "poder", mas o mais desesperador estado de impotência; é, meramente, o "poder" de destruir; é o "poder" de uma debandada de animais fora de controle.

No entanto, esse é o objetivo da maioria dos intelectuais de hoje. Na raiz de todas as suas mudanças conceituais, existe outra, mais fundamental: a mudança do conceito de direitos do indivíduo para o coletivo, o que significa a substituição dos "direitos do homem" pelos "direitos da multidão".

Já que somente um indivíduo pode ter direitos, a expressão "direitos individuais" é uma redundância (que se deve usar para fins de esclarecimento no atual caos intelectual). Mas a expressão "direitos coletivos" é uma contradição em termos.

Qualquer grupo ou "coletivo", grande ou pequeno, é, apenas, um conjunto de indivíduos. Um grupo não pode ter direitos diferentes dos direitos de seus membros individualmente. Em uma sociedade livre, os "direitos" de qualquer grupo são derivados dos direitos de seus membros através da sua escolha individual e acordo contratual voluntários, e são, somente, a aplicação desses direitos individuais a empreendimento específico. Todo propósito legítimo de um grupo é baseado nos direitos de livre associação e livre comércio de seus participantes (por "legítimo", quero dizer: um grupo não criminoso e formado livremente, ou seja, em que ninguém é forçado a entrar).

Por exemplo, o direito de uma empresa industrial iniciar suas operações é derivado do direito de seus proprietários investirem seu dinheiro em um empreendimento produtivo, de seu direito de contratar funcionários, do direito de os funcionários venderem seus serviços, do direito de todos os envolvidos de produzir e vender seus produtos, do direito dos consumidores de comprar (ou não comprar) esses produtos. Todo elo dessa complexa cadeia de relações contratuais baseia-se nos direitos individuais, escolhas individuais e acordos individuais. Todo acordo é delimitado, especificado e sujeito a certas condições, isto é, depende de uma troca mútua para benefício mútuo.

Isso é verdadeiro para todos os grupos ou associações legítimas em uma sociedade livre: parcerias, empreendimentos comerciais, associações profissionais, sindicatos de trabalhadores (voluntários), partidos políticos etc. Também se aplica a todos os acordos de representação: o direito de um homem de agir por ou representar um outro ou outros é derivado dos direitos daqueles a quem ele representa, e lhe é delegado por escolha voluntária dos mesmos, para um propósito específico e delimitado – como no caso de um advogado, um representante de negócio, um delegado sindical etc.

Um grupo, como tal, não tem direitos. Um homem não pode adquirir novos direitos ao se unir a um grupo, nem perder os direitos que já tem. O princípio dos direitos individuais é a única base moral de todos os grupos ou associações.

Qualquer grupo que não reconhece esse princípio não é uma associação, mas uma gangue ou uma quadrilha.

Qualquer doutrina de atividades de grupo que não reconhece os direitos individuais é uma doutrina do poder da massa ou do linchamento legalizado.

A noção de "direitos coletivos" (a noção de que os direitos pertencem a grupos, não a indivíduos) significa que "direitos" pertencem a alguns homens, mas não a outros, que alguns homens têm o "direito" de dispor de outros em todas as maneiras que lhes agradem, e que o critério dessa posição privilegiada consiste em superioridade numérica.

Nada pode justificar ou validar tal doutrina e ninguém nunca o fez. Tal qual a moralidade altruísta de que é derivada, essa doutrina depende do misticismo: ou o misticismo obsoleto da fé em decretos sobrenaturais, como o "direito divino dos reis", ou na mística social dos coletivistas modernos que consideram a sociedade como um superorganismo, como uma entidade sobrenatural independente e superior à soma de seus membros individuais.

Hoje, a amoralidade dessa mística coletivista é particularmente óbvia na questão dos direitos nacionais.

Uma nação, como qualquer outro grupo, é, apenas, um conjunto de indivíduos e não pode ter direitos além dos direitos de seus cidadãos individuais. Uma nação livre, uma nação que reconhece, respeita e protege os direitos individuais de seus cidadãos, tem direito à sua integridade territorial, seu sistema social e sua forma de governo. O governo de tal nação não é o soberano, mas o servo ou agente de seus cidadãos e não tem outros direitos além dos que foram delegados a ele pelos cidadãos para uma tarefa específica e delimitada (a tarefa de protegê-los da força física, derivada de seu direito à autodefesa).

Os cidadãos de uma nação livre podem discordar sobre os procedimentos ou métodos legais específicos para implementar esses direitos (que é um problema complexo, área de estudo da ciência política e da filosofia do direito), mas concordam sobre o princípio básico a ser implementado: o princípio dos direitos individuais. Quando a constituição de um país coloca os direitos individuais fora do alcance das autoridades públicas, a esfera do poder político é severamente delimitada. Assim, os cidadãos podem, de forma segura e adequada, concordar em respeitar as decisões de uma maioria eleitoral nessa esfera delimitada. As vidas e a propriedade das minorias ou dos discordantes não estão em jogo, não estão sujeitas a voto e não são ameaçadas por qualquer decisão da maioria; nenhum homem ou grupo tem um cheque em branco de poder sobre outros.

Tal nação tem o direito à sua soberania (derivada dos direitos de seus cidadãos) e de exigir que sua soberania seja respeitada por todas as outras nações.

Mas esse direito não pode ser reivindicado por ditaduras, tribos selvagens ou qualquer forma de tirania absolutista. Uma nação que viola os direitos de seus próprios cidadãos não pode reivindicar quaisquer direitos. Na questão dos direitos, como em todas as questões morais, não pode haver padrão duplo. Uma nação governada pela força física bruta não é uma nação, mas uma horda – quer seja comandada por Átila (c. 400 – 453), Genghis Khan (1162-1227), Adolf Hitler (1889-1945), Nikita Krushchev (1894-1971) ou Fidel Castro (1926-2016). Que direitos poderia Átila reivindicar, e com base em quê?

Isso se aplica a todas as formas de selvageria tribal, antigas ou modernas, primitivas ou "industrializadas". Nenhuma geografia, raça, tradição ou estado anterior de desenvolvimento pode conferir a alguns seres humanos o "direito" de violar os direitos de outros.

O direito à "autodeterminação das nações" se aplica somente às sociedades livres ou a sociedades que buscam estabelecer a liberdade: não se aplica a ditaduras. Assim como o direito de livre ação de um indivíduo não inclui o "direito" de cometer crimes (isto é, violar os direitos dos outros), o direito de uma nação de determinar sua própria forma de governo não inclui o de estabelecer uma sociedade escrava (isto é, legalizar a escravidão de alguns homens por outros). Não existe tal coisa como o "direito de escravizar". Uma nação pode fazer isso, assim como um homem pode se tornar um criminoso, mas nenhum deles pode fazê-lo por direito.

É irrelevante, nesse contexto, se uma nação foi escravizada pela força, como a Rússia soviética, ou pelo voto, como a Alemanha nazista. Os direitos individuais não estão sujeitos à votação pública; uma maioria não tem direito a retirar os direitos de uma minoria pelo voto; a função política dos direitos é precisamente proteger minorias da opressão das maiorias (e a menor minoria da Terra é o indivíduo). Não importa se uma sociedade escrava foi conquistada ou escolheu ser escravizada, não pode reivindicar direitos nacionais ou reconhecimento desses "direitos" por países civilizados – assim como uma quadrilha de criminosos não pode exigir reconhecimento de seus "direitos" e igualdade perante a lei com uma empresa ou universidade, com base no fato de os criminosos terem escolhido, por voto unânime, engajar-se nesse tipo específico de atividade em grupo.

Nações ditatoriais são criminosas. Qualquer nação livre tinha o direito de invadir a Alemanha nazista e, hoje, tem o direito de invadir a Rússia soviética, Cuba ou qualquer outra senzala. Se uma nação livre escolhe fazê-lo ou não é uma questão de seu próprio interesse, não do respeito por "direitos" inexistentes de criminosos. Não é dever de uma nação livre libertar outras nações à custa de autossacrifício, mas uma nação livre tem o direito de fazê-lo, quando e se escolher assim.

Esse direito, entretanto, é condicional. Assim como a supressão de crimes não dá a um policial o direito de se engajar em atividades criminosas, tampouco, a invasão e destruição de ditaduras dá ao invasor o direito de estabelecer outra variação de uma sociedade escrava no país conquistado.

Um país escravo não tem direitos nacionais, mas os direitos individuais de seus cidadãos permanecem válidos, mesmo que não reconhecidos, e o conquistador não tem direito de violá-los. Portanto, a invasão de um país escravizado é moralmente justificada, apenas, quando e se os conquistadores estabelecerem um sistema social livre, isto é, um sistema baseado no reconhecimento dos direitos individuais.

Como hoje não existe nenhum país totalmente livre, e o chamado "mundo livre" consiste em várias "economias mistas", pode-se questionar se qualquer país da Terra está moralmente aberto à invasão por qualquer outro. A resposta é: não. Existe uma diferença entre um país que reconhece o princípio dos direitos individuais, mas não o pratica totalmente, e um país que o nega e ataca explicitamente. Todas as "economias mistas" estão em um estágio precário de transição que, por fim, tem de recorrer à liberdade ou desabar na ditadura. Existem quatro características que caracterizam inequivocamente um país como uma ditadura: regime de partido único; execuções sem julgamento ou com julgamento simulado, por ofensas políticas; nacionalização ou expropriação da propriedade privada e censura. Um país culpado desses ultrajes perde quaisquer prerrogativas morais, qualquer reivindicação a direitos nacionais ou soberania, e se torna criminoso.

Observe, nessa questão particular, o vergonhoso fim da linha e a desintegração social dos progressistas modernos.

O internacionalismo sempre foi um dos princípios básicos dos progressistas. Consideravam o nacionalismo como um grande mal social, o produto do capitalismo e a causa das guerras. Opunham-se a qualquer forma de interesse nacional; recusavam-se a diferenciar entre patriotismo racional e chauvinismo cego e racista, denunciando ambos como "fascistas". Defendiam a dissolução das fronteiras nacionais e a fusão de todas as nações em um "governo mundial". Junto com os direitos de propriedade, os "direitos nacionais" eram o alvo predileto de seus ataques.

Hoje, invocam os "direitos nacionais" como última, fraca e derradeira tentativa de justificação moral para os resultados de suas teorias – para a disseminação de pequenas ditaduras que se alastram, como uma doença de pele, pela superfície do globo, na forma das chamadas "novas nações emergentes", semissocialistas, semicomunistas, semifascistas e totalmente comprometidas, apenas, com o uso da força bruta.

É o "direito nacional" desses países escolher sua própria forma de governo (qualquer forma que preferirem) que os progressistas oferecem como uma validação moral que nos pedem para respeitar. É o "direito nacional" de Cuba à sua forma de governo, dizem, que não devemos violar ou interferir. Tendo praticamente destruído os direitos nacionais legítimos de países livres, agora, os progressistas apoiam a defesa dos "direitos nacionais" das ditaduras.

E, não é apenas o nacionalismo que os progressistas defendem, mas o racismo – o primitivo racismo tribal.

Observe o padrão duplo: enquanto nos países civilizados do Ocidente, os progressistas, ainda, defendem o internacionalismo e o autossacrifício global, às tribos selvagens da Ásia e da África é concedido o "direito" soberano de se massacrarem umas às outras em guerras raciais. A humanidade está voltando a uma visão pré-industrial e pré-histórica da sociedade: ao coletivismo racial.

Esse é o resultado lógico e o clímax do colapso moral dos progressistas, que começou quando, como prelúdio à coletivização da propriedade, aceitaram a coletivização dos direitos.

Sua própria confissão de culpa está em sua terminologia. Por que usam a palavra "direitos" para denotar as coisas que estão defendendo? Por que não pregam o que praticam? Por que não nomeiam essa palavra abertamente e tentam justificá-la, se puderem?

A resposta é óbvia.

Junho de 1963

CAPÍTULO 14

CAPÍTULO 14
A NATUREZA DO GOVERNO

Ayn Rand

Um governo é uma instituição que detém o poder exclusivo de impor certas regras de conduta social em uma dada área geográfica.

Os homens precisam dessa instituição – e por quê?

Dado que a mente do homem é sua ferramenta básica de sobrevivência, seu meio de adquirir conhecimento para guiar suas ações, a condição básica que ele requer é a liberdade para pensar e agir de acordo com seu julgamento racional. Isso não significa que um homem deva viver sozinho, e que uma ilha deserta seja o ambiente mais adequado às suas necessidades. Os homens podem obter grandes benefícios da relação uns com os outros. Um ambiente social é o mais favorável à sua sobrevivência, mas, apenas, em certas condições.

Os dois grandes valores a serem obtidos de uma existência social são: conhecimento e comércio. O homem é a única espécie que pode transmitir e ampliar seu estoque de conhecimento, de geração para geração. O conhecimento potencialmente disponível a um homem é maior do que qualquer homem seria capaz de adquirir em toda a sua vida; cada homem obtém um benefício incalculável com o conhecimento descoberto pelos demais. O segundo grande benefício é a divisão do trabalho, que capacita o homem a dedicar seus esforços a um campo de trabalho em particular e a negociar com outros que se especializam em outros campos. Essa forma de cooperação permite a todos os que participam dela obter mais conhecimento, habilidade e produtividade por seus esforços do que poderiam obter se cada um tivesse de produzir tudo do que necessita em uma ilha deserta ou em uma fazenda autossuficiente.

Mas esses mesmos benefícios indicam, delimitam e definem que tipo de homens têm valor para os demais e em que tipo de sociedade: somente homens racionais, produtivos e independentes em uma sociedade racional, produtiva e livre.[1]

Uma sociedade que rouba do indivíduo o produto de seu esforço, ou escraviza-o, ou tenta limitar a liberdade de sua mente, ou o compele a agir contra seu próprio julgamento racional – uma sociedade que estabelece um conflito entre seus decretos e as exigências da natureza do homem – não é, estritamente falando, uma sociedade, mas uma turba unida pelo domínio institucionalizado da gangue. Tal sociedade destrói todos os valores da coexistência humana, não tem justificação possível e representa não uma fonte de benefícios, mas a ameaça mais mortal à sobrevivência do homem. A vida em uma ilha deserta é mais segura e incomparavelmente preferível à existência na Rússia soviética ou na Alemanha nazista.

Se os homens devem viver juntos em uma sociedade pacífica, produtiva e racional, negociando entre si para benefício mútuo, devem aceitar o princípio social básico sem o qual nenhuma sociedade moral ou civilizada é possível: o princípio dos direitos individuais.[2]

Reconhecer os direitos individuais significa reconhecer e aceitar as condições exigidas pela natureza do homem para sua sobrevivência adequada.

Os direitos do homem podem ser violados, apenas, pelo uso da força física. É, apenas, por meio dela que um homem pode privar outro de sua vida, escravizá-lo, roubá-lo, impedi-lo de perseguir seus próprios objetivos, ou compeli-lo a agir contra seu próprio julgamento racional.

A precondição de uma sociedade civilizada é o banimento da força física nas relações sociais, estabelecendo, assim, o princípio de que, se os homens desejam lidar uns com os outros, podem fazê-lo, somente, por meio da razão: pelo debate, persuasão e acordo voluntário, sem coação.

A consequência necessária do direito do homem à vida é seu direito à autodefesa. Em uma sociedade civilizada, a força pode ser usada, apenas, em retaliação e, somente, contra aqueles que iniciarem seu uso. Todas as razões que fazem da iniciação da força física um mal, tornam o uso da força retaliatória um imperativo moral.

Se alguma sociedade "pacifista" renunciasse ao uso da força retaliatória, ficaria indefesa à mercê do primeiro criminoso que decidisse ser imoral. Essa sociedade atingiria o oposto de sua intenção: em vez de abolir o mal, iria encorajá-lo e o recompensaria.

---

[1] Trecho retirado do capítulo 1, *A ética objetivista*.
[2] Ver os capítulos 12, *Os direitos do homem*, e 13, *"Direitos" coletivizados*.

A NATUREZA DO GOVERNO

Se uma sociedade não garantisse nenhuma proteção organizada contra a força, compeliria todo cidadão a andar armado, transformar sua casa em uma fortaleza, disparar contra quaisquer estranhos que se aproximassem de sua porta – ou se unir a uma gangue protetora de cidadãos que lutaria com outras gangues, formadas para o mesmo propósito, levando à degeneração dessa sociedade no caos de um governo de gangues, isto é, o poder pela força bruta, em um conflito tribal perpétuo de selvagens pré-históricos.

O uso da força física – mesmo seu uso retaliatório – não pode ser deixado ao critério de cada cidadão. A coexistência pacífica é impossível se um homem tem de viver sob ameaça constante do uso de força contra ele por qualquer de seus vizinhos, a qualquer momento. Não importa se as intenções dos vizinhos são boas ou ruins, se o julgamento deles é racional ou irracional, se são motivados por um senso de justiça ou por ignorância, preconceito ou maldade, o uso da força contra um homem não pode ser deixado à decisão arbitrária de outro.

Imagine, por exemplo, o que ocorreria se um homem perdesse sua carteira, concluísse que tinha sido roubado, invadisse todas as casas da vizinhança para procurá-la, e atirasse no primeiro homem que o encarasse com olhar de desaprovação, tomando esse olhar como prova de culpa.

O uso retaliatório da força requer regras objetivas de evidência para estabelecer que um crime foi cometido e provar quem o cometeu, bem como regras objetivas para definir punições e procedimentos de execução. Os homens que tentam levar a julgamento retaliatório da força são linchadores. Se uma sociedade deixasse o uso da força retaliatória nas mãos dos cidadãos, degeneraria na regra da multidão violenta e descontrolada na lei de linchamento e em uma série infinita de rixas particulares e vinganças sangrentas.

Se for para proibir a força física nas relações sociais, os homens precisam de uma instituição cuja tarefa é proteger seus direitos sob um código de regras objetivo.

Essa é a tarefa básica de um governo verdadeiro, sua única justificação moral e a única razão por que os homens precisam dele.

Um governo é o meio de colocar o uso retaliatório da força física sob controle objetivo, isto é, sob leis objetivamente definidas.

A diferença fundamental entre ação privada e ação governamental – uma diferença completamente ignorada e negada hoje – reside no fato de o governo deter o monopólio sobre o uso legal da força física. Precisa ter esse monopólio, já que é o agente que restringe e combate o uso da força. Por essa mesma razão, suas ações têm que ser rigidamente definidas, delimitadas e circunscritas; nenhum toque de capricho ou excentricidade pode influenciá-lo; deveria ser um robô impessoal, tendo as leis como sua única força motivadora. Se uma sociedade quiser ser livre, seu governo tem de ser controlado.

Sob um sistema social apropriado, um indivíduo é legalmente livre para tomar qualquer atitude que quiser (desde que não viole os direitos dos outros), ao passo que um oficial do governo é limitado pela lei em toda ação oficial. Um indivíduo pode fazer qualquer coisa, exceto aquilo que é legalmente proibido; um oficial do governo não pode fazer nada, exceto aquilo que é legalmente permitido.

Esse é o significado de subordinar a "força" ao "direito". Esse é o conceito americano de "um governo de leis e não de homens".

A natureza das leis apropriadas a uma sociedade livre e a fonte de sua autoridade governamental derivam da natureza e do propósito de um governo adequado. O princípio básico de ambas é indicado na Declaração da Independência: "para proteger esses direitos [individuais], os governos são instituídos entre os homens, derivando seus justos poderes do consentimento dos governados...".

Como a proteção dos direitos individuais é o único propósito adequado de um governo, é o único tema apropriado de legislação: todas as leis devem ser baseadas nos direitos individuais e focadas em sua proteção. Todas as leis devem ser objetivas (e objetivamente justificáveis): os homens devem saber claramente e, antes de agir, o que a lei lhes proíbe fazer (e por quê), o que constitui um crime e em que pena incorrerão se o cometerem.

A fonte da autoridade do governo é o "consentimento dos governados". Isso significa que o governo não é o soberano, mas o servo ou agente dos cidadãos; significa que o governo, como tal, não tem direitos, exceto os direitos delegados a ele pelos cidadãos para um propósito específico.

Há apenas um princípio básico a que um indivíduo deve consentir se deseja viver em uma sociedade livre e civilizada: o princípio de renunciar ao uso da força física e delegar ao governo seu direito à autodefesa física, para que seja cumprida de forma metódica, objetiva e legalmente definida. Ou, colocando de outra forma, deve aceitar a separação da força e do capricho (qualquer capricho, incluindo o seu próprio).

Agora, o que ocorre no caso de um desacordo entre dois homens sobre uma situação em que ambos estão envolvidos?

Em uma sociedade livre, os homens não são forçados a negociar uns com os outros. Eles o fazem, apenas, por acordo voluntário e, quando um elemento temporal está envolvido, por contrato. Se um contrato é quebrado pela decisão arbitrária de um homem, pode causar um dano financeiro desastroso para outro e a vítima não tem outro recurso, exceto, tomar a propriedade do infrator como compensação. Mas, aqui, novamente, o uso da força não pode ser deixado para a decisão de cada indivíduo. E isso leva a uma das funções mais importantes e complexas do governo: a função de árbitro que resolve disputas entre homens segundo leis objetivas.

Os criminosos são uma pequena minoria em qualquer sociedade semicivilizada. Mas a proteção e o cumprimento de contratos por meio de tribunais civis é a necessidade mais crucial de uma sociedade pacífica; sem essa proteção, nenhuma civilização poderia ser desenvolvida ou mantida.

O homem não pode sobreviver, como fazem os animais, agindo no limite do momento imediato. Ele tem que projetar seus objetivos e alcançá-los ao longo do tempo; tem que calcular suas ações e planejar sua vida a longo prazo. Quanto melhor a mente do homem e maior seu conhecimento, maior é o alcance de seu planejamento. Quanto maior ou mais complexa a civilização, maior a variedade de atividades de que necessita. Portanto, maior a variedade de acordos contratuais entre os homens, e mais urgente sua necessidade de proteção para a segurança desses acordos.

Mesmo uma sociedade primitiva de escambo não poderia funcionar se um homem concordasse em trocar um saco de batatas por um cesto de ovos e, tendo recebido os ovos, recusasse a entregar as batatas. Imagine o que esse tipo de ação movida pelo capricho significaria em uma sociedade industrial, onde homens entregam bilhões de dólares de bens em crédito, contratam para construir estruturas multimilionárias e assinam aluguéis de 99 anos.

Uma quebra unilateral de contrato envolve o uso indireto de força física: consiste, em essência, em um homem receber valores materiais, bens ou serviços de outro, recusar-se a pagar por eles e, assim, mantê-los pela força (por mera posse física), não por direito, isto é, mantê-los sem o consentimento de seu proprietário. De forma similar, a fraude envolve um uso indireto da força: consiste em obter valores materiais sem o consentimento de seu proprietário, por meios ilegais ou falsas promessas. A extorsão é outra variante do uso indireto da força: consiste em obter valores materiais, não em troca de valores, mas pela ameaça da força, violência ou dano.

Algumas dessas ações são, obviamente, criminosas. Outras, como a quebra unilateral de contrato, podem não ser motivadas criminalmente, mas podem ser causadas por irresponsabilidade ou irracionalidade. Outras, ainda, podem ser questões complexas em que ambos os lados têm alguma razão. Mas, seja qual for o caso, todas essas questões têm de estar sujeitas a leis objetivamente definidas e devem ser resolvidas por um árbitro imparcial que administra as leis, isto é, por um juiz (e um júri, quando necessário).

Observe o princípio básico que governa a justiça em todos esses casos: é o princípio de que nenhum homem pode obter quaisquer valores dos outros sem o consentimento dos proprietários e, como corolário, que os direitos de um homem não podem ficar à mercê da decisão unilateral, da escolha arbitrária, da irracionalidade e do capricho de outro homem.

Em essência, esse é o propósito apropriado de um governo: tornar a existência social possível aos homens, protegendo os benefícios e combatendo os malefícios que eles podem causar uns aos outros.

As funções apropriadas de um governo se dividem em três categorias amplas, todas elas envolvendo os problemas da força física e a proteção dos direitos dos homens: a polícia, para proteger os homens dos criminosos; as forças armadas, para proteger os homens de invasões externas; e os tribunais, para resolver disputas entre os homens de acordo com leis objetivas.

Essas três categorias envolvem muitos temas corolários e derivados, e sua implementação na prática, sob a forma de legislação específica, é imensamente complexa. Pertence ao campo de uma ciência especial: a Filosofia do Direito. Muitos erros e discordâncias são possíveis no campo da implementação, mas o que é essencial aqui é o princípio a ser implementado: o princípio de que o propósito da lei e do governo é a proteção dos direitos individuais.

Hoje, esse princípio é esquecido, ignorado e evitado. O resultado é o presente estado do mundo, com o retrocesso da humanidade à ilegalidade da tirania absolutista, à selvageria primitiva do regime da força bruta.

Em protesto impensado contra essa tendência, algumas pessoas levantam a questão: se o governo como tal é um mal por natureza, e se a anarquia é o sistema social ideal. A anarquia, como conceito político, é uma ingênua abstração flutuante: por todas as razões discutidas acima, uma sociedade sem um governo organizado estaria à mercê do primeiro criminoso que surgisse, arrastando-a para um caos de conflito de gangues. Mas a possibilidade da imoralidade humana não é a única objeção à anarquia. Mesmo uma sociedade em que todo membro fosse totalmente racional e irretocavelmente moral, não poderia funcionar em um estado de anarquia. É a necessidade de leis objetivas e de um árbitro para resolver desacordos honestos entre os homens que justifica o estabelecimento de um governo.

Uma variante recente da teoria anarquista, que está atraindo alguns dos defensores mais jovens da liberdade, é o estranho absurdo chamado "governos concorrentes". Aceitando a premissa básica dos estatistas modernos – que não veem diferença entre as funções do governo e as funções da indústria, entre força e produção, e que defendem a propriedade estatal dos negócios – os proponentes dos "governos concorrentes" optam pelo outro lado da mesma moeda e declaram que, como a concorrência é tão benéfica para os negócios, deveria, também, ser aplicada ao governo. Em vez de um governo simples e monopolístico, declaram que deveria haver uma série de governos diferentes, em uma mesma área geográfica, competindo pela submissão de cidadãos individuais, com todo cidadão sendo livre para "contratar" e respeitar qualquer governo que escolha.

Lembre que a contenção forçada dos homens é o único serviço que um governo tem a oferecer. Pergunte a si mesmo o que uma concorrência no sentido forçado teria de significar.

Não se pode chamar essa teoria de uma contradição em termos, já que é, obviamente, destituída de qualquer compreensão dos termos "concorrência" e "governo". Nem se pode chamá-la de uma abstração flutuante, porque é destituída de qualquer contato ou referência à realidade e não pode ser concretizada, nem mesmo, de forma bruta ou aproximada. Uma ilustração é suficiente: suponha que o Sr. Carlos, cliente do Governo A, suspeita que seu vizinho de porta, o Sr. João, cliente do Governo B, tenha o roubado; a polícia A invade a casa do Sr. João e é combatida já na porta pela polícia B, que declara não aceitar a validade da acusação do Sr. Carlos e não reconhece a autoridade do Governo A. O que acontece, então? A conclusão é sua.

A evolução do conceito de "governo" tem uma história longa e tortuosa. Algum lampejo da função apropriada do governo parece ter existido em toda sociedade organizada, manifestando-se em fenômenos como o reconhecimento de alguma diferença implícita (mesmo que, frequentemente, inexistente) entre um governo e uma quadrilha de assaltantes. A aura de respeito e autoridade moral concedida ao governo como guardião da "lei e da ordem", o fato de que, mesmo os tipos mais malignos de governo, consideram necessário manter alguma aparência de ordem e alguma pretensão de justiça, mesmo que apenas por rotina e tradição, e a busca de algum tipo de justificação moral para seu poder, de natureza mística ou social. Assim como os monarcas absolutos da França invocaram "o direito divino dos reis", assim os ditadores modernos da Rússia soviética gastam fortunas em propaganda para justificar seu poder aos olhos de seus súditos escravizados.

Na história da humanidade, a compreensão da função apropriada do governo é uma conquista muito recente: só tem duzentos anos e remonta aos pais fundadores da Revolução Americana. Eles não só identificaram a natureza e as necessidades de uma sociedade livre, como, também, desenvolveram os meios para pô-las em prática. Uma sociedade livre – como qualquer outro produto humano – não pode ser atingida por meios aleatórios, por desejos ou "boas intenções" dos líderes. Um sistema jurídico complexo, baseado em princípios objetivamente válidos, é necessário para tornar uma sociedade livre e mantê-la livre – um sistema que não depende dos motivos, do caráter moral ou das intenções de qualquer oficial, um sistema que não deixa nenhuma oportunidade, nenhuma brecha legal para o desenvolvimento da tirania.

O sistema americano de freios e contrapesos (*checks and balances*) foi uma dessas conquistas. E, embora certas contradições na Constituição tenham deixado brechas para o crescimento do estatismo, a conquista incomparável foi o conceito de uma constituição como meio de limitar e restringir o poder do governo.

Hoje, quando existe um esforço organizado para obliterar esse ponto, é importante reforçar, sempre, que a Constituição limita o governo, e não indivíduos privados; que não prescreve a conduta de indivíduos privados, apenas, a do governo; que não é um estatuto do poder governamental, mas um estatuto da proteção dos cidadãos contra o governo.

Agora, considere a extensão da inversão moral e política na visão prevalente sobre o governo. Em vez de ser um protetor dos direitos do homem, o governo está se tornando seu violador mais perigoso; em vez de proteger a liberdade, está estabelecendo a escravidão; em vez de proteger os homens de quem inicia a força física, está iniciando a força física e coerção da forma e pela razão que quiser; em vez de servir como instrumento de objetividade nas relações humanas, está criando um reino mortal e subterrâneo de incerteza e medo por meio de leis não objetivas cuja interpretação é deixada para as decisões arbitrárias dos burocratas de plantão; em vez de proteger os homens de danos por capricho, está se arrogando o poder do capricho ilimitado. Assim, rapidamente, vamos nos aproximando de um estágio de inversão total: o estágio em que o governo é livre para fazer o que quiser, enquanto os cidadãos só podem agir com permissão; esse é o estágio dos períodos mais sombrios da história humana, o estágio do regime pela força bruta.

Frequentemente, destaca-se que, apesar de seu progresso material, a humanidade não alcançou um nível comparativo de progresso moral. Essa constatação é, quase sempre, seguida por alguma conclusão pessimista sobre a natureza humana. É verdade que o estado moral da humanidade é vergonhosamente baixo. Mas, se considerarmos as monstruosas inversões morais dos governos (possibilitadas pela moralidade altruísta-coletivista), sob as quais a humanidade tem vivido por grande parte de sua história, é admirável como os homens conseguiram preservar mesmo uma aparência de civilização, e que vestígio indestrutível de autoestima os manteve caminhando altivos em duas pernas.

A NATUREZA DO GOVERNO

Entende-se, mais claramente, a natureza dos princípios políticos que têm de ser aceitos e defendidos como parte da batalha pelo renascimento intelectual do homem.

Dezembro de 1963

CAPÍTULO 15

CAPÍTULO 15
O FINANCIAMENTO GOVERNAMENTAL EM UMA SOCIEDADE LIVRE

Ayn Rand

"Qual seria o método apropriado de financiamento do governo em uma sociedade totalmente livre?"

Essa pergunta, geralmente, é feita em conexão com o princípio objetivista de que o governo de uma sociedade livre não pode iniciar o uso da força física, mas usá-la, apenas, em retaliação contra aqueles que o fazem. Visto que a imposição de tributos representa uma iniciação de força, pergunta-se: como o governo de um país livre levantaria o dinheiro necessário para financiar seus próprios serviços?

Em uma sociedade totalmente livre, a tributação – ou, para ser exata, o pagamento pelos serviços governamentais – seria voluntária. Uma vez que os serviços próprios de um governo – a polícia, as forças armadas e os tribunais – são, demonstravelmente, necessários para os indivíduos e afetam, diretamente, seus interesses, eles estariam (e deveriam estar) dispostos a pagar por esses serviços como pagam por seguros.

A questão de como implementar o princípio do financiamento voluntário do governo – como determinar a melhor forma de aplicá-lo na prática – é muito complexa e pertence ao campo da Filosofia do Direito. A tarefa da Filosofia Política é, apenas, estabelecer a natureza do princípio e demonstrar que é viável. A escolha de um método específico de implementação é mais do que prematura hoje – dado que o princípio será exequível, apenas, em uma sociedade totalmente livre, cujo governo tenha sido constitucionalmente reduzido às suas funções básicas e apropriadas[1].

Existem vários métodos possíveis de financiamento voluntário do governo. Uma loteria estatal, que tem sido usada em alguns países europeus, é um desses métodos. Existem outros.

Como exemplo (e apenas como tal), considere a seguinte possibilidade: um dos serviços mais fundamentais, que só o governo pode prestar, é a proteção aos acordos contratuais dos cidadãos. Suponha que o governo protegesse – isto é, reconhecesse como legalmente válido e executável –, apenas, aqueles que fossem segurados pelo pagamento, ao governo, de um prêmio sobre o valor de uma porcentagem legalmente fixada dos valores envolvidos na transação contratual. O seguro não seria compulsório; não haveria punição legal imposta sobre aqueles que não escolhessem contratá-lo – seriam livres para fazer acordos verbais ou assinar contratos não segurados, se quisessem. A única consequência seria que tais acordos ou contratos não seriam legalmente executáveis; se fossem quebrados, a parte lesada não seria capaz de buscar reparação em um tribunal.

Todas as transações de crédito são acordos contratuais. Uma transação de crédito é qualquer negociação que envolve um período de tempo entre o pagamento e o recebimento de bens e serviços. Isso inclui a vasta maioria das transações econômicas em uma complexa sociedade industrial. Apenas uma pequena parte da rede gigantesca de transações creditícias acaba no tribunal, mas a rede inteira é viabilizada pela existência dos tribunais, e poderia ruir repentinamente sem essa proteção. Esse é um serviço governamental de que as pessoas precisam, usam e confiam, e pelo qual deveriam pagar. Ainda hoje, esse serviço é provido gratuitamente e equivale, de fato, a um subsídio.

Quando se considera a magnitude da riqueza envolvida em transações de crédito, pode-se ver que a porcentagem requerida para pagar o seguro governamental seria insignificante – muito menor do que a paga para outros tipos de seguro. Ainda assim, seria suficiente para financiar todas as outras funções de um governo adequado (se necessário, a porcentagem poderia ser legalmente aumentada em tempos de guerra, ou outros métodos similares para angariar fundos, poderiam ser instaurados para atender necessidades de guerra claramente definidas).

Esse "plano" particular é mencionado aqui, apenas, como exemplo de um possível método para abordar o problema – não como uma resposta definitiva, nem como um programa a ser defendido no presente. As dificuldades técnicas

---

[1] Para uma discussão destas funções, veja o capítulo 14, *A natureza do governo*.

e legais envolvidas são enormes, incluem questões como a necessidade de uma provisão constitucional robusta para evitar que o governo interfira no conteúdo de contratos privados (uma questão atual que exige definições mais objetivas), a necessidade de padrões objetivos (ou salvaguardas) para estabelecer o valor dos prêmios, que não podem ficar à discrição arbitrária do governo etc.

Qualquer programa de financiamento voluntário do governo é o último passo, não o primeiro, no caminho para uma sociedade livre – a última, não a primeira, reforma a defender. Funcionaria, apenas, quando os princípios e as instituições básicas de uma sociedade livre tivessem sido estabelecidos. Atualmente, não funcionaria.

Os homens pagariam voluntariamente um seguro para proteger seus contratos. Mas não pagariam, voluntariamente, um seguro contra o perigo de agressão do Camboja. Nem os fabricantes de compensado do Wisconsin e seus funcionários pagariam, voluntariamente, um seguro para financiar o desenvolvimento da indústria do compensado no Japão, o que faliria o seu negócio.

Um programa de financiamento voluntário do governo seria amplamente suficiente para bancar as funções legítimas de um governo adequado. Não seria suficiente para bancar um apoio imerecido ao mundo todo. Mas nenhum tipo de tributação é suficiente para isso – somente o suicídio de um grande país poderia ser e, mesmo assim, apenas, temporariamente.

Assim como o crescimento dos controles, impostos e "obrigações governamentais", neste país, não foi implementado do dia para noite, o processo de desburocratização, também, não acontecerá do dia para noite. Um processo de liberação seria muito mais rápido do que foi o processo de escravização, já que os fatos da realidade estariam ao seu lado. Mesmo assim, um processo gradual é necessário e qualquer programa de financiamento voluntário do governo deve ser considerado como um objetivo para um futuro distante.

Hoje, os defensores de uma sociedade totalmente livre só precisam conhecer o princípio pelo qual esse objetivo pode ser alcançado.

O princípio do financiamento voluntário do governo baseia-se nas seguintes premissas: que o governo não é o proprietário da renda dos cidadãos e, portanto, não pode ter um cheque em branco sobre ela; que a natureza dos serviços governamentais adequados deve ser constitucionalmente definida e delimitada, retirando o poder do governo de ampliar o escopo de seus serviços por sua própria discrição. Consequentemente, o princípio do financiamento voluntário do governo o considera como o servo, não o soberano, dos cidadãos – como um agente que deve ser pago por seus serviços, não como um benfeitor cujos serviços são gratuitos, que dá algo em troca de nada.

Essa noção, junto com a da tributação compulsória, é um resquício da época em que o governo era considerado dirigente onipotente dos cidadãos. Um monarca absoluto, dono do trabalho, renda, propriedade e vida de seus súditos, tinha que ser um "benfeitor" não remunerado, protetor e concessor de favores. Esse monarca teria considerado degradante ser pago por seus serviços – assim como as mentalidades atávicas de seus descendentes em espírito (os resquícios da antiga aristocracia feudal da Europa e os estatistas de bem-estar modernos) ainda consideram uma renda comercial merecida como humilhante e moralmente inferior a uma imerecida que é adquirida pelo roubo ou pilhagem, por doações de caridade ou coerção governamental.

Quando um governo, seja um parlamentarismo monárquico ou "democrático", é considerado um provedor de serviços gratuitos, é, apenas, uma questão de tempo antes que comece a ampliar seus serviços e a esfera da gratuidade (hoje, esse processo é chamado de crescimento "do setor público da economia") até se tornar, e tem de se tornar, o instrumento de conflito entre grupos de pressão – de grupos econômicos que saqueiam uns aos outros.

A premissa a ser verificada (e desafiada), nesse contexto, é a noção primordial de que quaisquer serviços governamentais (até mesmo os legítimos) devem ser concedidos ao cidadão de forma gratuita. Para implantar totalmente o conceito americano de governo como servo dos cidadãos, é preciso considerar o governo como um servo pago. Então, com base nisso, pode-se partir para criar os meios apropriados para vincular as receitas do governo aos serviços que ele presta.

Pode-se observar, no exemplo acima, que o custo do financiamento voluntário do governo seria, automaticamente, proporcional à escala da atividade econômica de um indivíduo. Aqueles nos níveis econômicos mais inferiores (que, raramente, se é que alguma vez, envolvem-se em transações de crédito) seriam virtualmente isentos – embora, ainda, desfrutassem dos benefícios da proteção legal contra crimes provida pelas forças armadas, polícia e tribunais. Esses benefícios podem ser considerados como um bônus para os homens de menor capacidade econômica, possibilitados pelos homens de maior capacidade econômica – sem qualquer sacrifício dos últimos pelos primeiros.

É do interesse dos mais capacitados pagar pela manutenção das forças armadas, pela proteção de seu país contra invasões; suas despesas não aumentam pelo fato de uma parte marginal da população ser incapaz de contribuir para pagar esses custos. Economicamente, o grupo marginal é inexistente no que diz respeito aos custos de guerra. O mesmo se aplica aos custos da polícia: é do interesse dos mais capazes pagar pela prisão de criminosos, não importando se a vítima específica de um determinado crime é rica ou pobre.

É importante notar que esse tipo de proteção gratuita para os não contribuintes representa um benefício indireto e é, simplesmente, uma consequência marginal dos próprios interesses e despesas dos contribuintes. Esse tipo de bônus não pode ser estendido para cobrir benefícios diretos, ou para alegar – como os estatistas de bem-estar alegam – que assistências diretas aos não produtores são do interesse dos produtores.

A diferença, em resumo, é a seguinte: se um trem estivesse rodando em uma ferrovia e permitisse que os pobres viajassem nos assentos vagos sem pagar, não seria a mesma coisa (nem o mesmo princípio) que oferecer aos pobres assentos de primeira classe em trens especiais.

Qualquer tipo de assistência não sacrifical, bônus social, benefício gratuito ou presente entre os homens é possível, apenas, em uma sociedade livre, e é apropriado na medida em que não é um sacrifício. Mas, em uma sociedade livre, sob um sistema de financiamento voluntário do governo, não haveria nenhuma brecha legal, nenhuma possibilidade legal de qualquer "redistribuição de riqueza" para o sustento imerecido de alguns homens pelo trabalho forçado e renda extorquida dos outros, para a sangria, exploração e destruição daqueles que são capazes de pagar os custos de manutenção de uma sociedade civilizada em favor daqueles que não podem ou não estão dispostos a pagar o custo para manter sua própria existência.

Fevereiro de 1964

CAPÍTULO 16

CAPÍTULO 16
O DIREITO SAGRADO À ESTAGNAÇÃO

Nathaniel Branden

Para toda espécie viva, é preciso crescer para sobreviver. Vida é movimento, um processo de ação autossustentada que um organismo deve exercer a fim de continuar existindo. Esse princípio é igualmente evidente nas simples conversões de energia de uma planta e nas atividades complexas de longo prazo do homem. Biologicamente, inatividade é morte.

A natureza e o universo de ação e desenvolvimento possíveis variam de espécie para espécie. O espectro de ação e desenvolvimento de uma planta é muito menor que o de um animal; o de um animal, muito menor que o de um humano. A capacidade de desenvolvimento de um animal termina no amadurecimento físico e, daí em diante, consiste na ação necessária para se manter em um nível estável; após chegar à maturidade, ele não continua, de nenhuma forma significativa, a crescer em eficácia – isto é, não aumenta significativamente sua habilidade de lidar com o ambiente. Mas a capacidade de desenvolvimento do homem não termina na maturidade física: sua capacidade é virtualmente ilimitada. Seu poder de raciocínio é sua característica definidora, sua mente é seu meio básico de sobrevivência – e sua habilidade de pensar, aprender e descobrir novas e melhores formas de lidar com a realidade, expandir o alcance de sua eficácia, crescer intelectualmente, é uma porta aberta para um caminho que não tem fim.

O homem sobrevive, não se ajustando ao seu ambiente físico da mesma forma que um animal, mas ao transformar seu ambiente através do trabalho produtivo. "Se uma seca os atinge, os animais morrem – o homem constrói canais de irrigação; se uma enchente os atinge, os animais perecem – o homem constrói represas; se um bando de canibais os ataca, os animais morrem – o homem escreve a Constituição dos Estados Unidos"[1].

Se a vida é um processo de ação autossustentada, então, essa é a forma distintamente humana de ação e sobrevivência: pensar, produzir e enfrentar os desafios da existência com esforço e criatividade infindáveis.

Quando o homem descobriu como fazer uma fogueira para se aquecer, sua necessidade de pensar e se esforçar não foi consumida; quando ele descobriu como fazer um arco e flechas, sua necessidade de pensar e se esforçar não foi consumida; quando ele descobriu como construir uma abrigo de pedra, depois de tijolos e, então, de vidro e aço, sua necessidade de pensar e se esforçar não foi consumida; quando ele aumentou sua expectativa de vida de 19 para 30, 40, 60 e 70 anos, sua necessidade de pensar e se esforçar não foi consumida; enquanto viver, sua necessidade de pensar e se esforçar nunca é consumida.

Toda realização do homem é um valor em si próprio, mas, também, é um degrau para realizações e valores ainda maiores. Vida é crescimento; não seguir em frente é retroceder; a vida permanece vida enquanto avança. Todo passo em frente abre ao homem uma gama maior de ação e realização – e cria a necessidade de ação e realização. Não existe um planalto final e permanente. O problema da sobrevivência não é "resolvido", de uma vez por todas, sem exigir mais pensamento ou movimento. Mais precisamente, o problema da sobrevivência é resolvido quando se reconhece que a sobrevivência demanda crescimento e criatividade constantes.

Além disso, o crescimento constante é uma necessidade psicológica do homem. É uma condição de seu bem-estar psicológico. Seu bem-estar psicológico requer que ele tenha um senso firme de controle sobre a realidade, de controle sobre sua existência – a convicção de que ele é competente para viver. E isso não requer onisciência ou onipotência, mas o conhecimento de que seus métodos para lidar com a realidade – os princípios pelos quais opera – estejam corretos. A passividade é incompatível com esse estado. A autoestima não é um valor que, uma vez conquistado, é mantido automaticamente para sempre. Como qualquer outro valor humano, incluindo a própria vida, pode ser mantido, apenas, pela ação. A autoestima, a convicção básica de que se é competente para viver, pode ser mantida, apenas, enquanto se está engajado em um processo de crescimento; apenas, enquanto se está comprometido com a tarefa de aumentar sua eficácia. Em entidades vivas, a natureza não permite imobilidade: o que para de crescer começa a se desintegrar – não menos no domínio mental que no físico.

---

[1] RAND, Ayn. *For the New Intellectual. Op. Cit.*

O DIREITO SAGRADO À ESTAGNAÇÃO

Nesse sentido, observe o fenômeno generalizado de homens que já são velhos aos 30 anos de idade. São homens que, tendo concluído que "pensaram o suficiente", flutuam no impulso decrescente de seu esforço passado – e se perguntam o que aconteceu com seu fogo e energia, por que se sentem confusamente ansiosos, por que sua existência parece desoladamente empobrecida e por que se sentem afundando num abismo sem nome – sem nunca identificar o fato de que, abandonando a vontade de pensar, também, abandonam a vontade de viver.

A necessidade do homem de crescer – e sua necessidade, portanto, das condições sociais e existenciais que tornam esse crescimento possível – é um fato de importância crucial a ser considerado ao julgar e avaliar qualquer sistema político-econômico. Deve-se questionar: determinado sistema político-econômico é pró-vida ou antivida, favorável ou prejudicial aos requisitos da sobrevivência do homem?

O grande mérito do capitalismo é sua adequação perfeita aos requisitos da sobrevivência humana e à necessidade de crescimento do homem. Deixando os homens livres para pensar, agir, produzir, tentar o que nunca foi tentado e o novo, seus princípios operam de uma forma que recompensa o esforço e a realização, e penaliza a passividade.

Essa é uma das principais razões pelas quais é atacado.

Em *Who Is Ayn Rand?*, discutindo os ataques ao capitalismo no século XIX, escrevi:

> Nos escritos de medievalistas e socialistas, pode-se observar o desejo inconfundível por uma sociedade em que a existência será automaticamente garantida ao homem – isto é, em que ele não terá que assumir a responsabilidade por sua própria sobrevivência. Ambos os lados projetam sua sociedade ideal como aquela caracterizada pelo que chamam de "harmonia", pela ausência de mudança rápida, desafios ou exigências severas da competição; uma sociedade em que cada um deve fazer sua parte estabelecida para contribuir para o bem-estar do todo, mas em que ninguém enfrentará a necessidade de fazer escolhas e tomar decisões que afetarão crucialmente sua vida e futuro; em que a questão do que se conquistou ou não, do que se merece ou não, não será mencionada; em que as recompensas não serão ligadas à realização, e em que a benevolência de alguém garantirá que ninguém sofra as consequências de seus erros. A falha do capitalismo em se encaixar ao que pode ser chamado de uma visão pastoral da existência é essencial para a acusação de medievalistas e socialistas contra uma sociedade livre. Não é o Jardim do Éden que o capitalismo oferece aos homens[2].

---

[2] BRANDEN, Nathaniel. *Who Is Ayn Rand? Op. cit.*

Entre os argumentos utilizados por aqueles que anseiam por uma existência "pastoral" está a doutrina que, traduzida em uma declaração explícita, consiste em: o direito sagrado à estagnação.

Essa doutrina é ilustrada no seguinte incidente. Certa vez, em uma viagem de avião, tive uma conversa com o executivo de um sindicato. Ele começou a denunciar o "desastre" da automação, afirmando que milhares de trabalhadores ficariam permanentemente desempregados como resultado de novas máquinas e que "algo precisava ser feito sobre isso". Respondi que isso era um mito que tinha sido destruído várias vezes; que a introdução de novas máquinas, invariavelmente, resultou em aumento na demanda por trabalho, bem como no aumento geral do padrão de vida; que isso era demonstrável na teoria e observável na história. Destaquei que a automação aumentava a demanda por mão de obra especializada relativa à mão de obra sem especialização, e que, sem dúvida, muitos trabalhadores precisariam aprender novas habilidades. "Mas", ele perguntou, indignado: "e os trabalhadores que não quiserem aprender novas habilidades? Por que eles deveriam ter problemas?".

Isso significa que a ambição, a perspicácia, a motivação de ser cada vez melhor, a energia viva dos homens criativos, deve ser sufocada e suprimida em prol dos homens que já "pensaram o suficiente" e "aprenderam o bastante", e não querem se preocupar com o futuro nem com as questões incômodas das quais dependem seus empregos.

Sozinho em uma ilha deserta, tendo a responsabilidade por sua própria sobrevivência, nenhum homem se permitiria a ilusão de que o amanhã não deve preocupá-lo, que pode, tranquilamente, depender de seu conhecimento e habilidades passados, e que a natureza lhe deve "segurança". É, apenas, em sociedade – onde o fardo do fracasso de um homem pode ser transferido para os ombros de outro que não fracassou – que essa ilusão pode ser alimentada. (e é aqui que a moralidade do altruísmo se torna indispensável para sancionar esse parasitismo).

A alegação de que homens que fazem o mesmo tipo de trabalho deveriam ter o mesmo salário, não importando as diferenças em seu desempenho ou produção, penalizando o trabalhador superior em favor do inferior – essa é a doutrina do direito sagrado à estagnação.

A alegação de que os homens deveriam manter seus empregos ou serem promovidos não por mérito, mas por antiguidade, de modo que a mediocridade de quem está "dentro" é favorecida acima do novato talentoso, impedindo o futuro deste e de seu potencial empregador – essa é a doutrina do direito sagrado à estagnação.

O DIREITO SAGRADO À ESTAGNAÇÃO

A reivindicação de que um empregador deveria ser obrigado a lidar com um sindicato específico, que tem o poder arbitrário de excluir membros potenciais, de modo que a chance de trabalhar em determinado ofício é passada de pai para filho e nenhum novato pode ameaçar os interesses particulares estabelecidos, impedindo o progresso em uma área qualquer, como o sistema de guildas da Idade Média – essa é a doutrina do direito sagrado à estagnação.

A alegação de que os homens deveriam ser mantidos em empregos que se tornam obsoletos, fazendo trabalho que é perdulário e supérfluo, para poupá-los das dificuldades do treinamento para novos empregos – contribuindo, como no caso das ferrovias, para a destruição virtual de toda uma indústria – essa é a doutrina do direito sagrado à estagnação.

A condenação do capitalismo por essas "desigualdades", como a de permitir que uma quitanda de esquina seja levada a falir por uma grande rede de lojas, insinuando que o bem-estar e o progresso econômico dos clientes da quitanda e da grande rede deveriam ser sufocados para proteger as limitações de iniciativa ou habilidade do quitandeiro – essa é a doutrina do direito sagrado à estagnação.

A sentença do tribunal, sob as leis antitruste, de que uma empresa estabelecida não tem direito a suas patentes, sendo obrigada a dá-las, sem o pagamento de *royalties*, a um concorrente potencial que não pode pagar por elas (caso da General Electric de 1948) – essa é a doutrina do direito sagrado à estagnação.

A sentença do tribunal condenando e impedindo um negócio pelo "crime" de antecipar a demanda futura e expandir sua capacidade fabril para atendê-la e de, portanto, possivelmente, "desencorajar" futuros concorrentes (caso ALCOA de 1945) – essa é a penalização legal do crescimento, a penalização da habilidade por ser habilidade – é a essência nua e crua e o objetivo da doutrina do direito sagrado à estagnação.

O capitalismo, por sua natureza, implica um processo constante de movimento, crescimento e progresso. Cria as condições sociais mais favoráveis para o homem responder aos desafios da natureza da melhor forma para promover sua vida. Opera em benefício daqueles que escolhem ser ativos no processo produtivo, seja qual for seu nível de habilidade. Mas não é calibrado para as demandas da estagnação. A realidade também não é.

Quando se considera o sucesso espetacular e a prosperidade sem precedentes que o capitalismo alcançou na prática (mesmo com tantos controles impeditivos) – e se considera o fracasso vergonhoso de toda variedade de coletivismo – deveria ficar claro que os inimigos do capitalismo não são motivados, em essência, por considerações econômicas: são motivados por considerações metafísicas, por uma rebelião contra o modo de sobrevivência humano, uma rebelião contra o fato de que a vida é um processo de ação autossustentada e autogerada, e pelo sonho de que, se apenas pudessem controlar os homens que não ressentem a natureza da vida, tornariam a existência tolerável para todos aqueles que a ressentem.

Agosto de 1963

CAPÍTULO 17

CAPÍTULO 17
Racismo

Ayn Rand

O racismo é a forma mais vil e cruelmente primitiva de coletivismo. É a noção que atribui importância moral, social ou política à linhagem genética de um homem – a noção de que os traços intelectuais e de caráter de um homem são produzidos e transmitidos por sua química corporal interna. O que significa, na prática, que um homem deve ser julgado, não por seu caráter e ações, mas pelo caráter e ações de seus ancestrais.

O racismo afirma que o conteúdo da mente de um homem (não seu aparato cognitivo, mas seu conteúdo) é herdado; que os valores, convicções e caráter de um homem são determinados antes de seu nascimento, por fatores físicos além de seu controle. Essa é a versão primitiva da doutrina das ideias inatas – ou do conhecimento herdado – que já foi completamente refutada pela filosofia e pela ciência. O racismo é a doutrina de, por e para brutamontes. É uma versão pecuária do coletivismo, apropriada a uma mentalidade que distingue várias raças de animais, mas não animais e homens.

Como toda forma de determinismo, o racismo invalida o atributo específico que distingue o homem de todas as outras espécies vivas: sua faculdade racional. Ele nega dois aspectos da vida do homem: razão e escolha, ou mente e moralidade, substituindo-os pela predestinação química.

A família respeitável que sustenta parentes imprestáveis ou esconde seus crimes a fim de "proteger o nome da família" (como se o *status* moral de um homem pudesse ser prejudicado pelas ações de outro); o vagabundo que se vangloria de que seu bisavô foi um construtor de impérios, ou a solteirona do interior que se vangloria de que seu tio materno era senador e de que seu primo de terceiro grau fez um concerto no Carnegie Hall (como se as realizações de um homem pudessem compensar a mediocridade de outro); os pais que pesquisam árvores genealógicas a fim de avaliar seus possíveis genros; a celebridade que inicia sua autobiografia com uma descrição detalhada da história de sua família – essas são amostras de racismo, as manifestações atávicas de uma doutrina cuja expressão plena é o conflito tribal de selvagens pré-históricos, o massacre em massa da Alemanha nazista e as atrocidades atuais das chamadas "nações emergentes".

A teoria que defende "sangue bom" ou "sangue ruim" como um critério moral e intelectual, na prática, não leva a nada, senão, a rios de sangue. A força bruta é o único caminho de ação aberto aos homens que se consideram agregados irracionais de substâncias químicas.

Os racistas modernos tentam provar a superioridade ou a inferioridade de uma determinada raça pelos feitos históricos de alguns de seus membros. O espetáculo histórico frequente de um grande inovador que, durante a sua vida, é zombado, denunciado, impedido, perseguido por seus compatriotas e, então, poucos anos após sua morte, é homenageado com um monumento nacional e enaltecido como prova da grandeza da raça alemã (ou francesa, italiana ou cambojana) – é um espetáculo tão revoltante de expropriação coletivista, perpetrado por racistas, como qualquer expropriação de riqueza material, perpetrada por comunistas.

Assim como não existe uma mente coletiva ou racial, não pode existir uma realização coletiva ou racial. Só existem mentes individuais e realizações individuais – e uma cultura não é um produto anônimo de massas amorfas, mas a soma das realizações de homens individuais.

Mesmo se fosse provado – o que não é – que a incidência de homens com poder mental superior é maior entre os membros de certas raças do que de outras, isso não nos informaria nada sobre qualquer indivíduo particular e seria irrelevante para nosso julgamento dele. Um gênio é um gênio, não importando o número de idiotas que pertençam à sua mesma raça e um idiota é um idiota, não importando o número de gênios que compartilham a sua origem racial. É difícil dizer qual é a injustiça mais ultrajante: a alegação dos racistas sulistas de que um gênio negro deveria ser tratado como um inferior porque sua raça "produziu" alguns brutamontes, ou a reivindicação de um brutamontes alemão ao *status* de um superior porque sua raça "produziu" Johann Wolfgang von Goethe (1749-1832), Friedrich Schiller (1759-1805) e Johannes Brahms (1833-1897).

Essas não são duas alegações diferentes, é claro, mas duas aplicações da mesma premissa básica. A questão de alegar a superioridade ou a inferioridade de qualquer raça é irrelevante; o racismo só tem uma raiz psicológica: o próprio complexo de inferioridade do racista.

Como toda forma de coletivismo, o racismo é uma busca do imerecido. É a busca do conhecimento automático – de uma avaliação automática do caráter dos homens que dispensa a responsabilidade de exercer o julgamento racional ou moral – e, acima de tudo, a busca de uma autoestima automática (ou falsa autoestima).

Atribuir virtudes à origem racial de alguém é confessar que não se conhece o processo pelo qual as virtudes são adquiridas e, com frequência, que se fracassou em adquiri-las. A esmagadora maioria dos racistas é composta por homens que não conquistaram nenhum sentido de identidade pessoal, que não podem mostrar nenhuma realização ou distinção individual, e que buscam a ilusão de uma "autoestima tribal" ao alegar a inferioridade de alguma outra tribo. Observe a intensidade histérica dos racistas sulistas; observe, também, que o racismo é muito mais prevalente entre o "pobre lixo branco" do que entre seus semelhantes intelectualmente superiores.

Historicamente, o racismo, sempre, cresceu ou diminuiu com o crescimento ou queda do coletivismo. O coletivismo defende que o indivíduo não tem direitos, que sua vida e trabalho pertencem ao grupo (à "sociedade", à tribo, ao Estado, à nação), e que o grupo pode sacrificá-lo por seu próprio capricho, para seus próprios interesses. A única forma de implementar uma doutrina desse tipo é por intermédio da força bruta, e o estatismo, sempre, foi o corolário político do coletivismo.

O Estado absoluto é, apenas, uma forma institucionalizada do poder da maioria, independentemente de qual gangue ocupe o poder. E, como não há justificativa racional para esse poder, como ninguém nunca conseguiu oferecê-la, a mística do racismo é um elemento crucial em toda variante do Estado absoluto. A relação é recíproca: o estatismo surge do conflito tribal pré-histórico, da noção de que os homens de uma tribo são a presa natural dos homens de outra, e estabelece suas próprias subcategorias de racismo, um sistema de castas determinado pelo nascimento de um homem, assim como os títulos de nobreza ou a servidão que herdou.

O racismo da Alemanha nazista – onde os homens tinham que preencher questionários sobre seus ancestrais, a fim de provar sua ascendência ariana – tem seu equivalente na Rússia soviética, onde os homens tinham que preencher questionários similares para mostrar que seus ancestrais, jamais, possuíram propriedades e, assim, provar sua origem proletária. A ideologia soviética depende da noção de que os homens podem ser condicionados, geneticamente, ao comunismo, isto é, que algumas gerações condicionadas pela ditadura transmitirão a ideologia comunista para seus descendentes, que já nascerão comunistas. A perseguição de minorias raciais na URSS, segundo a ascendência racial e o capricho de algum comissário, já foi registrada; o antissemitismo é particularmente prevalente, mas as perseguições oficiais hoje são chamadas de "expurgos políticos".

Há, apenas, um antídoto para o racismo: a filosofia do individualismo e seu corolário político-econômico, o capitalismo *laissez-faire*.

O individualismo considera o homem como uma entidade independente e soberana, que tem um direito inalienável à sua própria vida, derivado de sua natureza como ser racional. O individualismo defende que uma sociedade civilizada, ou qualquer forma de associação, cooperação ou coexistência pacífica entre os homens, pode ser alcançada, apenas, com base no reconhecimento dos direitos individuais e que um grupo, como tal, não tem direitos além dos direitos individuais de seus membros[1].

Não são os ancestrais, os parentes, os genes ou a química corporal de um homem que importam no livre mercado, mas só um atributo humano: a capacidade produtiva. É pela habilidade e ambição individuais que o capitalismo julga um homem e o recompensa de acordo.

Nenhum sistema político pode estabelecer a racionalidade universal por lei (ou pela força). Mas o capitalismo é o único sistema que funciona de uma forma que recompensa a racionalidade e penaliza todas as formas de irracionalidade, incluindo o racismo.

Um sistema capitalista totalmente livre nunca foi implementado em nenhum lugar. Mas o que é imensamente significativo é a correlação entre racismo e intervenção política nas economias semilivres do século XIX. Perseguições raciais e/ou religiosas de minorias mantiveram relação inversa ao nível de liberdade de um país. O racismo era mais forte em economias mais controladas, como na Rússia e na Alemanha, e mais fraco na Inglaterra que, na época, era o país mais livre da Europa.

Foi o capitalismo que possibilitou à humanidade dar seus primeiros passos em direção à liberdade e a uma forma racional de vida. Foi o capitalismo que rompeu as barreiras nacionais e raciais, por meio do livre comércio. Foi o capitalismo que aboliu a servidão e a escravidão em todos os países civilizados do mundo. Foi o Norte capitalista que destruiu a escravidão do Sul agrário-feudal dos Estados Unidos.

Essa foi a tendência da humanidade pelo breve período de 150 anos. Seus resultados e conquistas espetaculares não precisam ser repetidos aqui.

---

[1] Ver os capítulos 12, *Os direitos do homem*, e 13, *"Direitos" coletivizados*.

O crescimento do coletivismo reverteu essa tendência.

Quando os homens voltaram a ser doutrinados com a noção de que o indivíduo não tem direitos, que a supremacia, a autoridade moral e o poder ilimitado pertencem ao grupo, e que o homem não tem importância fora de seu grupo, a consequência inevitável foi de que os homens começaram a gravitar na direção de um grupo ou outro em busca de autoproteção, perplexos e aterrorizados em seu subconsciente. O coletivo de mais fácil adesão, mais fácil de identificar – especialmente para pessoas de inteligência limitada –, a forma menos exigente de "pertencimento" e "camaradagem" é a raça.

É assim que os teóricos do coletivismo, os defensores do "humanitarismo" de um Estado absoluto "benevolente", levaram ao renascimento e ao crescimento virulento do racismo no século XX.

No auge de seu capitalismo, os Estados Unidos eram o país mais livre da Terra – e a melhor refutação das teorias racistas. Homens de todas as raças chegaram aqui, alguns de países obscuros e culturalmente indistinguíveis, e realizaram feitos de habilidade produtiva que teriam permanecido natimortos em suas pátrias fortemente controladas. Homens de grupos raciais que tinham massacrado uns aos outros por séculos, aprenderam a conviver em harmonia e cooperação pacífica. Os Estados Unidos eram chamados de "caldeirão de culturas", por um bom motivo. Mas poucas pessoas perceberam que os Estados Unidos não fundiram os homens na conformidade cinza de um coletivo, mas os uniram, protegendo seu direito à individualidade.

As principais vítimas desse preconceito racial nos Estados Unidos foram os negros. Foi um problema originado e perpetuado pelo Sul não capitalista, embora não confinado às suas fronteiras. A perseguição aos negros no Sul foi e é profundamente lamentável. Mas, no resto do país, visto que os homens eram livres, mesmo esse problema foi lentamente cedendo sob a pressão do esclarecimento e dos próprios interesses econômicos dos homens brancos.

Hoje, o preconceito está piorando – como, também, todas as outras formas de racismo. Os Estados Unidos se tornaram conscientes da raça de uma forma que remete aos piores dias dos países mais atrasados da Europa do século XIX. A causa é a mesma: o crescimento do coletivismo e do estatismo.

Apesar do clamor por igualdade racial propagado pelos progressistas nas últimas décadas, o Departamento do Censo reportou, recentemente, que "o *status* econômico [dos negros] em relação aos brancos não melhorou nos últimos 20 anos". Tinha melhorado nos anos mais livres de nossa "economia mista"; deteriorou com a ampliação do estado de bem-estar social progressista.

O crescimento do racismo em uma "economia mista" acompanha o ritmo de crescimento dos controles governamentais. Uma "economia mista" joga um país em uma guerra civil institucionalizada de grupos de pressão, cada um lutando por favores legislativos e privilégios especiais às custas de outro.

A existência desses grupos de pressão e de seus *lobbies* políticos é reconhecida aberta e cinicamente hoje. O pretexto de qualquer filosofia política, princípios, ideais ou objetivos de longo prazo está, rapidamente, saindo de cena – e já se admite que esse país está à deriva, sem direção, à mercê de um jogo de poder cego, de curto prazo, disputado por várias gangues estatistas, cada qual lutando por favores legislativos e privilégios especiais às custas de outro.

Na ausência de uma filosofia política coerente, todo grupo econômico age como seu próprio destruidor, liquidando seu futuro por algum privilégio momentâneo. Nesse sentido, a política dos empresários foi, por algum tempo, a mais suicida. Hoje é superada pela política atual dos líderes do movimento negro.

Enquanto estes lutavam contra a discriminação legalizada pelo governo, a lei, a justiça e a moralidade estavam do seu lado. Mas não é mais contra isso que lutam. As confusões e contradições em torno da questão do racismo atingiram um clímax inconcebível.

É hora de esclarecer os princípios envolvidos.

A política dos estados sulistas para com os negros foi e é uma contradição vergonhosa dos princípios básicos deste país. A discriminação racial, imposta e legalizada, é uma agressão tão flagrantemente imperdoável dos direitos individuais que os estatutos racistas do Sul deveriam ter sido declarados inconstitucionais há muito tempo.

Os racistas do Sul afirmam que os "direitos dos estados" são uma contradição em termos: não pode haver tal coisa como o "direito" de alguns homens de violar os direitos de outros. O conceito constitucional de "direitos dos estados" diz respeito à divisão de poderes entre as autoridades locais e nacionais, e serve para proteger os estados contra o governo federal; não concede ao governo estadual um poder arbitrário e ilimitado sobre seus cidadãos ou o privilégio de revogar os direitos individuais dos cidadãos.

É verdade que o governo federal tem usado a questão racial para ampliar seu poder e estabelecer um precedente de ingerência sobre os direitos legítimos dos estados, de maneira desnecessária e inconstitucional. Mas isso apenas significa que ambos os governos estão errados; não inocenta a política dos racistas do Sul.

Uma das piores contradições, nesse contexto, é a posição de muitos "conservadores" (não confinados exclusivamente ao Sul) que afirmam ser defensores da liberdade, do capitalismo, dos direitos de propriedade, da Constituição e, ao mesmo tempo, defendem o racismo. Não parecem ter a mínima preocupação com princípios, a ponto de não perceberem que estão puxando seu próprio tapete. Os homens que negam os direitos individuais não podem reivindicar, defender ou apoiar quaisquer direitos. São esses falsos defensores do capitalismo que ajudam a desacreditá-lo e destruí-lo.

Os progressistas são culpados da mesma contradição, mas de uma forma diferente. Defendem o sacrifício de todos os direitos individuais ao poder ilimitado da maioria. No entanto, posam como defensores dos direitos das minorias. Mas a menor minoria da Terra é o indivíduo. Aqueles que negam os direitos individuais não podem se declarar defensores das minorias.

Esse acúmulo de contradições, de pragmatismo de curto prazo, de desprezo cínico por princípios, de irracionalidade ultrajante, atingiu, agora, seu auge nas novas demandas dos líderes negros.

Em vez de lutar contra a discriminação racial, estão exigindo que ela seja institucionalizada. Em vez de lutar contra o racismo, estão exigindo a criação de cotas raciais. Em vez de lutar pela "neutralidade" em questões sociais e econômicas, estão declarando que a "neutralidade" é um mal e que a "cor" deveria ser a consideração primária. Em vez lutar por direitos iguais, estão exigindo privilégios especiais de raça.

Estão exigindo que cotas raciais sejam estabelecidas sobre o emprego, e que os empregos sejam distribuídos com base na raça, em proporção à porcentagem de uma determinada raça na população local. Por exemplo, como os negros representam 25% da população de Nova York, exigem 25% dos empregos em qualquer empresa.

As cotas raciais são um dos piores males dos regimes racistas. Havia cotas raciais nas universidades da Rússia czarista, na população das principais cidades russas etc. Uma das acusações contra os racistas neste país é de que algumas escolas praticam um sistema secreto de cotas raciais. Foi considerada uma vitória para a justiça quando os questionários de emprego pararam de perguntar a raça ou a religião dos candidatos.

Hoje, não é o opressor, mas o grupo minoritário oprimido que está exigindo o estabelecimento de cotas raciais. (!).

Essa exigência, em particular, foi demais até para progressistas. Muitos deles a denunciaram – corretamente – com grande indignação.

Escreveu o *The New York Times* (23 de julho de 1963):

> Os manifestantes estão seguindo um princípio verdadeiramente nefasto ao propor o "jogo dos números". Uma exigência de que 25% (ou qualquer outra

porcentagem) dos empregos sejam destinados aos negros (ou qualquer outro grupo) está errada por uma razão básica: pede um "sistema de cotas" que é, em si, discriminatório. Este jornal, há muito, luta contra uma cota religiosa para magistratura; igualmente nos opomos a cotas raciais para empregos, dos mais elevados aos mais simples.

Como se o racismo patente de tal exigência não fosse o bastante, alguns líderes negros foram ainda mais longe. Whitney M. Young Jr. (1921-1971), diretor-executivo da National Urban League, fez a seguinte declaração (*The New York Times*, 1º de agosto de 1963):

> A liderança branca deve ser suficientemente honesta para reconhecer que, ao longo de nossa história, sempre existiu uma classe privilegiada de cidadãos que recebeu tratamento preferencial. Essa classe foi a branca. Agora, o que dizemos é: se dois homens, um negro e um branco, são igualmente qualificados para um emprego, contrate o negro.

Considere as implicações dessa declaração. Não exige, simplesmente, privilégios em bases raciais, exige que os homens brancos sejam penalizados pelos erros de seus ancestrais. Exige que um trabalhador branco seja rejeitado em um emprego porque seu avô pode ter praticado discriminação racial. Mas, talvez, seu avô não tenha praticado. Ou, talvez, seu avô nem tenha nascido e vivido aqui. Como essas questões não devem ser consideradas, imputa-se a esse trabalhador branco uma culpa racial coletiva, que consiste, apenas, na cor de sua pele.

Mas esse é, justamente, o princípio do pior racista do Sul que imputa a todos os negros uma culpa racial coletiva por qualquer crime cometido por um indivíduo negro, e que os trata como inferiores com base na selvageria de seus ancestrais.

O único comentário que se pode fazer sobre exigências desse tipo é: "com que direito? Por qual código? Por qual critério?".

Essa política absurdamente nociva está destruindo a base moral da luta dos negros. Seu caso repousava no princípio dos direitos individuais. Se eles exigem a violação dos direitos dos outros, negam e perdem os seus. Então, a mesma resposta se aplica a eles, como aos racistas do Sul: não pode existir o "direito" de alguns homens violarem os direitos de outros.

No entanto, toda a política dos líderes negros hoje se move nessa direção. Por exemplo, a exigência de cotas raciais nas escolas, com o propósito de que centenas de crianças, brancas e negras, sejam forçadas a frequentar escolas em bairros distantes, para fins de "equilíbrio racial". Novamente, isso é racismo puro. Como destacaram os opositores dessa demanda, designar crianças para determinadas escolas em razão de sua raça é uma postura igualmente má, seja seu propósito a segregação ou a integração. E a simples ideia de usar crianças como peões no xadrez político deveria revoltar os pais, não importando sua raça, religião ou cor.

O projeto de lei dos "direitos civis", em análise no Congresso, é outro exemplo de uma infração grosseira aos direitos individuais. É correto proibir toda discriminação em instalações e estabelecimentos governamentais: o governo não tem direito de discriminar nenhum de seus cidadãos. E, pelo mesmo princípio, o governo não tem direito de discriminar alguns cidadãos em detrimento de outros. Não tem direito de violar o direito de propriedade privada ao proibir a discriminação em estabelecimentos privados.

Nenhum homem, branco ou negro, tem qualquer direito à propriedade de outro. Os direitos de um homem não são violados pela recusa de um indivíduo particular a negociar com ele. O racismo é uma doutrina nociva, irracional e moralmente condenável, mas doutrinas não podem ser proibidas ou prescritas por lei. Assim como temos que proteger a liberdade de expressão do comunista, mesmo que suas doutrinas sejam malignas, temos que proteger o direito do racista de usar e dispor de sua propriedade. O racismo privado não é uma questão jurídica, mas moral, e pode ser combatida, apenas, por meios privados, como boicote econômico ou ostracismo social.

Desnecessário dizer, se a lei dos "direitos civis" for aprovada, será a pior agressão aos direitos de propriedade no triste registro da história americana com relação ao tema[2].

É uma demonstração irônica da insanidade filosófica e da consequente tendência suicida de nossa época que os homens que mais precisam da proteção dos direitos individuais, os negros, hoje, estejam na vanguarda da destruição desses direitos.

Um alerta: não se tornem vítimas dos mesmos racistas, sucumbindo ao racismo; não condenem todos os negros pela irracionalidade vergonhosa de alguns de seus líderes. Nenhum grupo tem qualquer liderança intelectual ou representação adequadas nos dias de hoje.

Concluindo, cito um editorial surpreendente no *The New York Times*, publicado em 4 de agosto – surpreendente porque ideias dessa natureza não são comuns em nossa época:

> Mas a questão não deve ser se um grupo reconhecível por sua cor, características ou cultura tem direitos como grupo. Não, a questão é se qualquer indivíduo americano, independentemente de cor, características ou cultura, é privado de seus direitos como americano. Se o indivíduo tem todos os direitos e pri-

---

[2] O projeto de lei foi aprovado em 1964, incluindo os artigos que violam os direitos à propriedade.

vilégios presentes nas leis e na Constituição, não precisamos nos preocupar com grupos e massas – esses, de fato, só existem como figuras de linguagem.

Setembro de 1963

CAPÍTULO 18

CAPÍTULO 18
INDIVIDUALISMO FALSIFICADO

Nathaniel Branden

A teoria do individualismo é um elemento central da filosofia objetivista. O conceito de individualismo é, ao mesmo tempo, ético-político e ético-psicológico. Como conceito ético-político, defende a supremacia dos direitos individuais, o princípio de que o homem é um fim em si mesmo, não um meio para os fins dos outros. Como conceito ético-psicológico, o individualismo defende que o homem deveria pensar e julgar de forma independente, sem valorizar nada acima da soberania do seu intelecto.

A base e a validação filosóficas do individualismo, como mostrou Ayn Rand em *A Revolta de Atlas*, é o fato de ele ser ética, política e psicologicamente um requisito objetivo da sobrevivência adequada do homem, da sobrevivência do homem enquanto homem, enquanto ser racional. Ele está implícito em um código de ética que sustenta a vida do homem, sendo seu padrão de valor.

A defesa do individualismo como tal não é nova; a novidade é a validação objetivista da teoria do individualismo e a definição de uma forma consistente de praticá-lo.

Frequentemente, diz-se que o significado ético-político do individualismo é: fazer o que se deseja, independentemente dos direitos dos outros. Autores como Friedrich Nietzsche (1844-1900) e Max Stirner (1806-1856) são, às vezes, citados em apoio a essa interpretação. Altruístas e coletivistas têm um óbvio interesse particular em persuadir os homens de que esse é o significado do individualismo, que o homem que se recusa a ser sacrificado pretende sacrificar os outros.

A contradição dessa interpretação e sua refutação é a seguinte: visto que a única base racional do individualismo como princípio ético são os requisitos da sobrevivência do homem enquanto homem, ele não pode reivindicar o direito moral a violar os direitos de outro. Se nega direitos invioláveis a outros homens, não pode reivindicá-los para si mesmo; já que rejeitou a base dos direitos. Ninguém pode reivindicar o direito moral a uma contradição.

O individualismo não consiste, apenas, em rejeitar a crença de que o homem deve viver para o coletivo. Um homem que quer escapar da responsabilidade de sustentar sua vida por seu próprio pensamento e esforço, e deseja sobreviver conquistando, dominando e explorando os outros, não é um individualista. Um individualista é um homem que vive por seus próprios interesses e por sua própria mente; não sacrifica a si mesmo pelos outros, nem sacrifica os outros para si mesmo; lida com os homens como um negociante, não como um saqueador; como um produtor, não como um Átila.

É o reconhecimento dessa distinção que altruístas e coletivistas desejam que os homens esqueçam: a distinção entre o comerciante e o saqueador, entre um produtor e um Átila.

Se o significado de individualismo, em seu contexto ético-político, foi pervertido e rebaixado, principalmente, por seus inimigos declarados; o significado de individualismo, em seu contexto ético-psicológico, foi pervertido e rebaixado, principalmente, por seus supostos defensores: por aqueles que desejam dissolver a distinção entre um julgamento independente e um capricho subjetivo. Esses são os falsos individualistas que igualam o individualismo não com pensamento independente, mas com "sentimentos independentes". Não existem "sentimentos independentes". Existe, apenas, uma mente independente.

Um individualista é, antes de mais nada, um homem da razão. A vida do homem depende de sua habilidade de pensar, de sua faculdade racional; a racionalidade é a precondição da independência e da autoconfiança. Um "individualista" que não é independente, nem autoconfiante, é uma contradição em termos; individualismo e independência são logicamente inseparáveis. A independência básica de um individualista consiste em lealdade à sua própria mente: é sua percepção da realidade, seu entendimento e seu julgamento, que se recusa a sacrificar às declarações não comprovadas dos outros. Esse é o significado de independência intelectual – e essa é a essência de um individualista. Ele é serena e intransigentemente centrado nos fatos.

O homem precisa de conhecimento para sobreviver, e apenas a razão pode alcançá-lo. Os homens que rejeitam a responsabilidade de pensar e raciocinar só podem existir como parasitas do pensamento dos outros. E um parasita não é um individualista. O irracionalista, o adorador de caprichos que considera conhecimento e objetividade como "restrições" à sua liberdade, o hedonista que se adapta ao momento e age com base em seus sentimentos, não é um individualista. A "independência" que um irracionalista busca é a independência da realidade – como o homem subterrâneo de Fiódor Dostoiévski (1821-1881) que grita: "que me importam as leis da natureza e da aritmética, quando, por alguma razão, não gosto dessas leis e do fato de que dois mais dois são quatro?".

Para o irracionalista, a existência é simplesmente[3] um conflito entre seus caprichos e os caprichos dos outros; o conceito de uma realidade objetiva não faz sentido para ele.

Rebeldia e excentricidade, como tais, não constituem prova de individualismo. Assim como o individualismo não consiste, apenas, em rejeitar o coletivismo, tampouco, consiste, apenas, na ausência de conformidade. Um conformista é um homem que declara "é verdade porque outros acreditam", mas um individualista não é um homem que declara "é verdade porque eu acredito". Um individualista declara: "é verdade porque tenho razões para acreditar que seja verdade".

Nesse sentido, há um incidente em *A Nascente* que vale a pena relembrar. No capítulo sobre a vida e a carreira do coletivista Ellsworth Toohey[4], Ayn Rand descreve os vários grupos de escritores e artistas que Toohey organizava:

> Havia uma mulher que nunca usava letras maiúsculas em seus livros e um homem que nunca usava vírgulas [...]. Outro que escrevia poemas que não tinham rima nem métrica [...]. Havia um garoto que não usava telas, mas fazia alguma coisa com gaiolas de pássaros e metrônomos [...]. Alguns amigos chamaram a atenção de Ellsworth Toohey para sua aparente incoerência. Ele se opunha tão profundamente ao individualismo, mas ali estavam todos esses escritores e artistas dele, e cada um deles era um individualista fanático. "Você acha mesmo?", indagava Toohey sorrindo, imperturbável[5].

---

[3] O homem subterrâneo é uma personagem do pequeno romance *Notas do Subterrâneo*, publicado por Fiódor Dostoiévski (1821-1881), em 1864. Trata-se de um homem amargo, isolado, sem nome, que, ao final de suas reflexões, conclui que "o melhor é não fazer nada". (N. R.)

[4] Ellsworth Toohey é a personificação do mal de Ayn Rand no romance *A Nascente*, o vilão mais ativo e autoconsciente de qualquer uma de suas obras literárias. Toohey é socialista e representa o coletivismo de maneira mais geral, autodenominando-se representante da vontade das massas, para ocultar, assim, seus verdadeiros ideais de poder sobre os outros. Controla vítimas individuais destruindo seu senso de autoestima e busca um poder mais amplo (sobre "o mundo"), ao promover os ideais de altruísmo ético e um igualitarismo rigoroso que trata todas as pessoas e conquistas igualitariamente. A personagem é inspirada, principalmente, no cientista social, economista e ativista político trabalhista Harold Laski (1893-1950), o mais proeminente marxista britânico do período entre guerras, bem como no historiador e sociólogo norte-americano Lewis Mumford (1895-1990), no jornalista esportivo norte-americano Heywood Broun (1888-1939) e no literato, radialista e apresentador de televisão norte-americano Clifton Fadiman (1904-1999). (N. R.)

[5] RAND, Ayn. *A Nascente*. Trad. de Andrea Holcberg e David Holcberg. São Paulo: Arqueiro, 2013.

O que Toohey sabia – e o que estudantes do Objetivismo deveriam entender – é que esses subjetivistas, em sua rebelião contra a "tirania da realidade", são menos independentes e mais abjetamente parasíticos do que o mais simplório Babbitt que dizem desprezar[6]. Eles não originam nem criam nada; são profundamente abnegados, lutando para preencher o vazio dos egos que não têm com a única forma de "assertividade" que reconhecem: rebeldia pela rebeldia, irracionalidade pela irracionalidade, destruição pela destruição, caprichos pelos caprichos.

É improvável que um psicótico seja acusado de conformidade; mas, nem um psicótico, nem um subjetivista, são expoentes do individualismo.

Observe o denominador comum nas tentativas de corromper o significado de individualismo como conceitos ético-político e ético-psicológico: a tentativa de separar o individualismo da razão. Mas é, apenas, no contexto da razão e das necessidades do homem enquanto ser racional, que o princípio do individualismo pode ser justificado. Retirado desse contexto, qualquer defesa do "individualismo" torna-se tão arbitrária e irracional como a defesa do coletivismo.

Essa é a base da total oposição do Objetivismo a quaisquer falsos individualistas que tentam igualar individualismo com subjetivismo.

E essa é a base do repúdio total do Objetivismo a qualquer autodenominado "objetivista" que se permite acreditar que qualquer acordo, meio-termo ou aproximação é possível entre o Objetivismo e o individualismo falsificado que consiste em declarar: "é certo porque eu sinto que é", ou "é bom porque eu quero que seja", ou "é verdade porque eu acredito".

Abril de 1962

---

[6] Babbitt é a personagem principal de um livro homônimo de autoria de Harry Sinclair Lewis (1885-1951), publicado em 1922. Trata-se de uma sátira à vida cotidiana americana do início do século XX. Rand utiliza o termo Babbitt para referir-se a uma pessoa e, especialmente, a um homem de negócios, ou profissional, que se conforma irrefletidamente aos padrões prevalecentes da classe média, representando um ente cuja dependência é comparável a um parasita. (N. R.)

CAPÍTULO 19

CAPÍTULO 19
O ARGUMENTO DA INTIMIDAÇÃO

Ayn Rand

Há um certo tipo de argumento que, de fato, não é um argumento, mas um meio de evitar o debate e extorquir a concordância do oponente para noções não discutidas. É um método de evitar a lógica por meio da pressão psicológica. Como já é popular na cultura atual e tende a ser ainda mais nos próximos meses, seria bom aprender a identificá-lo e saber como combatê-lo.

Esse método tem a mesma raiz psicológica da falácia *ad hominem*, porém, seu significado é diferente. A falácia *ad hominem* consiste em tentar refutar um argumento ao atacar o caráter de seu proponente. Exemplo: "o candidato X é imoral, portanto, seu argumento é falso".

Mas o método da pressão psicológica consiste em ameaçar desqualificar o caráter de um oponente através de seu argumento, desqualificando, assim, o argumento sem debate. Exemplo: "só um imoral não consegue ver que o argumento do candidato X é falso".

No primeiro caso, a imoralidade do candidato X (real ou inventada) é oferecida como prova da falsidade de seu argumento. No segundo caso, a falsidade de seu argumento é afirmada, arbitrariamente, como prova de sua imoralidade.

Na selva epistemológica atual, o segundo método é usado com mais frequência do que qualquer outro tipo de argumento irracional. Deve ser classificado como uma falácia lógica e pode ser chamado de "argumento da intimidação".

A característica essencial do "argumento da intimidação" é seu apelo à insegurança moral e sua confiança no medo, culpa ou ignorância da vítima. É usado sob a forma de ultimato, exigindo que a vítima renuncie a determinada ideia sem discussão, sob a ameaça de ser considerada moralmente indigna. O padrão é sempre o mesmo: "apenas aqueles que são maus (desonestos, cruéis, insensíveis, ignorantes etc) podem defender tal ideia".

O exemplo clássico do argumento da intimidação é o conto *A Roupa Nova do Imperador*[1].

Nessa história, charlatães vendem ao imperador um traje que não existe, afirmando que a beleza incomum dele o torna invisível para quem for moralmente depravado. Observe os fatos psicológicos envolvidos no processo: os charlatães confiam na insegurança do imperador; o imperador não questiona a afirmação nem a autoridade moral deles; ele se rende na hora, dizendo que vê o traje – negando, assim, a evidência de seus próprios olhos e invalidando sua própria consciência em vez de encarar a ameaça à sua precária autoestima. Seu afastamento da realidade pode ser medido pelo fato de que ele prefere caminhar nu pela rua, mostrando seu traje inexistente às pessoas, do que correr o risco da condenação moral de dois charlatães. As pessoas, movidas pelo mesmo pânico psicológico, tentam superar umas às outras em exclamações de elogio ao esplendor de suas roupas – até uma criança gritar que o imperador está nu.

Esse é o padrão exato de funcionamento do argumento da intimidação explorado, atualmente, ao nosso redor.

Todos nós já ouvimos e ouvimos constantemente: "Apenas aqueles que não têm instintos elevados não conseguem aceitar a moralidade do altruísmo"; "apenas os ignorantes não conseguem saber que a razão foi invalidada"; "apenas os reacionários cruéis podem defender o capitalismo"; "apenas senhores da guerra podem opor-se às Nações Unidas"; "apenas a minoria lunática ainda acredita na liberdade"; "apenas os covardes não conseguem ver que a vida é um esgoto"; "apenas os superficiais podem buscar beleza, felicidade, realização, valores ou heróis."

Como exemplo de um campo total de atividade baseado, apenas, no argumento da intimidação, cito a arte moderna – em que, a fim de provar que têm a percepção especial que a "elite" mística tem, as pessoas tentam superar umas às outras em exclamações firmes sobre o esplendor de uma tela vazia (mas manchada).

O argumento da intimidação domina as discussões atuais de duas formas. Em discursos e impressos, floresce na forma de longas, envolventes e elaboradas estruturas de verborragia ininteligível que não transmitem nada, exceto uma amea-

---

[1] *A Roupa Nova do Imperador*, algumas vezes traduzido como *A Roupa Nova do Rei*, é um conto de fadas de autoria do escritor e poeta dinamarquês Hans Christian Andersen (1805-1875), publicado, originalmente, em 1837. (N. R.)

ça moral. ("apenas os primitivos podem deixar de perceber que clareza é simplificação"). Mas, na experiência privada diária, surge sem palavras, nas entrelinhas, na forma de sons desarticulados que transmitem implicações não declaradas. Confia não no que foi dito, mas em como foi dito – não no conteúdo, mas no tom de voz.

O tom é, quase sempre, de incredulidade desdenhosa ou beligerante. "Certamente, você não é um defensor do capitalismo, não é?" E, se isso não intimida a possível vítima, que responde, adequadamente, "Eu sou", o diálogo que segue é: "Oh, você não pode ser! Não mesmo!". "Eu sou". "Mas todo mundo sabe que o capitalismo está ultrapassado!" "Eu não". "Ah, deixa disso!" "Já que eu não sei, você poderia me dar razões para pensar que o capitalismo está ultrapassado?" "Ah, não seja ridículo!" "Vai me contar as razões?" "Bem, se você não sabe, não sou eu que posso lhe contar!"

Tudo isso é acompanhado por sobrancelhas erguidas, olhos arregalados, ombros levantados, resmungos, risinhos e todo o arsenal de sinais não verbais que comunicam insinuações ameaçadoras e vibrações emocionais de um único tipo: desaprovação. Se essas vibrações falham, se os debatedores são desafiados, constata-se que não têm argumentos, evidência, prova ou razão para o que sustentam, que sua agressividade barulhenta serve para esconder um vazio, que o argumento da intimidação é uma confissão de impotência intelectual.

O arquétipo primordial desse argumento é óbvio (como, também, são as razões de seu apelo ao neomisticismo de nossa era): "Para quem entende, nenhuma explicação é necessária; para quem não entende, nenhuma é possível".

A fonte psicológica desse argumento é a metafísica social[2].

O metafísico social é aquele que considera a consciência de outros homens como superior à sua própria e aos fatos da realidade. Para o metafísico social, a avaliação moral que os outros fazem dele é uma preocupação primária que supera a verdade, os fatos, a razão e a lógica. A desaprovação dos outros é tão devastadora para ele que nada pode resistir a seu impacto dentro de sua consciência. Assim, nega a evidência de seus próprios olhos e invalida sua própria consciência por qualquer migalha de sanção moral do charlatão. Apenas um metafísico social poderia esperar vencer um debate intelectual insinuando: "mas as pessoas não gostarão de você!"

Estritamente falando, um metafísico social não concebe seu argumento em termos conscientes: chega a ele "instintivamente", por introspecção – já que representa sua forma psicoepistemológica de vida. Todos já encontramos o tipo de pessoa exasperada que não ouve os outros, apenas as vibrações emocionais da voz

---

[2] Ver: BRANDEN, Nathaniel. "Social Metaphysics". *The Objectivist Newsletter*. Novembro de 1962.

deles, traduzindo-as, ansiosamente, em aprovação ou desaprovação, respondendo de acordo. Esse é o tipo de argumento da intimidação autoimposto, a que um metafísico social se rende na maioria de seus relacionamentos humanos. Assim, quando encontra um adversário, quando suas premissas são desafiadas, recorre, automaticamente, à arma que mais o aterroriza: a retirada de uma sanção moral.

Como esse tipo de terror é desconhecido para homens psicologicamente saudáveis, eles podem aceitar o argumento da intimidação, exatamente, por causa de sua inocência. Incapazes de entender a motivação do argumento, ou acreditando que ele é apenas um blefe sem sentido, supõem que seu usuário tem algum tipo de conhecimento ou razões para sustentar suas asserções aparentemente confiantes e beligerantes; eles lhe dão o benefício da dúvida, e ficam em estado de total aturdimento. É assim que os metafísicos sociais podem vitimizar os jovens, os inocentes e os conscienciosos.

Tal situação predomina nas salas de aula das faculdades. Muitos professores utilizam o argumento da intimidação para sufocar a opinião independente dos alunos, fugir das perguntas que não conseguem responder, desencorajar qualquer análise crítica de suas suposições arbitrárias ou qualquer divergência do *status quo* intelectual.

"Aristóteles? Meu querido amigo" (suspiro cansado), "se você tivesse lido o artigo do professor Spikffkin" (respeitosamente), "na edição de janeiro de 1912 da revista *Intellect*, o qual" (desdenhosamente), "obviamente, você não leu, saberia" (vagamente) "que Aristóteles foi refutado".

"Professor X?" (X em lugar do nome de um distinto teórico da economia de livre mercado). "Você está citando o professor X? Ah não, não pode ser!" – seguido por um risinho sarcástico que pretende deixar transparecer que o Professor X foi totalmente desacreditado (por quem? Nenhuma resposta).

Esses professores são, frequentemente, auxiliados pelo esquadrão progressista da sala, que explode em gargalhadas nos momentos apropriados.

Em nossa vida política, o argumento da intimidação é o método quase exclusivo de discussão. Predominantemente, os debates políticos atuais consistem em difamações e desculpas, ou intimidação e apaziguamento. O primeiro é quase sempre (embora não exclusivamente) praticado pelos progressistas; o segundo, pelos "conservadores". Os campeões, nesse aspecto, são os republicanos progressistas que praticam ambos: o primeiro, contra seus companheiros republicanos "conservadores"; o segundo, contra os democratas.

Todas as tentativas de difamação são argumentos da intimidação: consistem em acusações derrogatórias sem evidência ou prova, oferecidas como um substituto dessas, cujo alvo é a covardia moral ou a credulidade irrefletida dos ouvintes.

O argumento da intimidação não é novo, tem sido usado em todas as épocas e culturas. Raramente, porém, em tão larga escala como hoje. É usado de forma mais crua na política do que em outros campos de atividade, mas não se limita à política. Permeia toda nossa cultura. É um sintoma de falência cultural.

Como resistir a esse argumento? Existe, apenas, uma arma contra ele: a certeza moral.

Quando se entra num embate intelectual, importante ou não, público ou privado, não se pode buscar, desejar ou esperar a sanção do inimigo. Verdade ou falsidade deve ser a única preocupação e o único critério de julgamento – não aprovação ou desaprovação de alguém e, acima de tudo, não a aprovação daqueles cujos padrões são contrários aos seus.

Permita-me enfatizar que o argumento da intimidação não consiste em introduzir julgamento moral em questões intelectuais, mas em substituir julgamentos morais por argumentos intelectuais. Avaliações morais estão implícitas na maioria das questões intelectuais; não é apenas permissível, mas obrigatório, fazer julgamentos morais quando e onde for apropriado; suprimir esse julgamento é um ato de covardia moral. Mas um julgamento moral deve, sempre, seguir e não preceder (ou substituir) as razões que lhe servem de base.

Quando alguém dá razões para um veredito, assume a responsabilidade por ele e se expõe ao julgamento objetivo: se as razões são erradas ou falsas, sofre as consequências. Mas, condenar sem dar razões é um ato de irresponsabilidade, um tipo de direção arriscada, que é a essência do argumento da intimidação.

Observe que os homens que usam esse argumento são os que temem um ataque moral bem-pensado mais do que qualquer outro tipo de conflito, e quando encontram um adversário moralmente confiante, são os mais vocais ao protestar que a "moralização" deveria ficar fora das discussões intelectuais. Mas discutir o mal de forma a sugerir neutralidade é sancioná-lo.

O argumento da intimidação ilustra por que é importante estar certo de suas premissas e de sua estatura moral. Ilustra o tipo de armadilha intelectual que espera aqueles que seguem em frente sem um conjunto completo, claro e consistente de convicções, totalmente integradas desde seus fundamentos – aqueles que entram em batalha precipitadamente, armados com nada além de algumas noções flutuantes em uma névoa de desconhecimento, de coisas não identificadas, indefinidas, não provadas ou apoiadas, apenas, por seus sentimentos, esperanças ou medos. O argumento da intimidação é seu nêmesis. Em questões intelectuais e morais, não basta estar certo: é preciso saber que se está certo.

O exemplo mais ilustre da resposta apropriada ao argumento da intimidação foi dado, na história americana, pelo homem que, rejeitando os padrões morais do inimigo e com total certeza de sua própria retidão, disse: "Se isso for traição, aproveite-a ao máximo".[3]

Julho de 1964

---

[3] Ayn Rand faz referência à famosa citação do estadista norte-americano Patrick Henry (1736-1799): *"If this be treason, make the most of it"*, proferida em 29 de maio de 1765, em seu discurso na Virginia House of Burgesses. Nessa ocasião, estava em discussão a polêmica Lei do Selo (*Stamp Act*), uma das causas da independência dos Estados Unidos. Um dos objetivos de Patrick Henry, no discurso, foi comparar o monarca britânico George III (1738-1820) ao ditador romano Júlio César (100-44 a.C.), tendo se colocado na mesma posição de Marco Júnio Bruto (85-42 a.C.), o Jovem, um dos assassinos do político e militar romano, tido como um herói das liberdades republicanas. Outra citação bastante conhecida deste pai da pátria dos Estados Unidos é *"give me liberty or give me death"* (dê-me a liberdade ou dê-me a morte), pronunciada em um discurso de 1775, que inspirou Dom Pedro I (1798-1834), no famoso "Grito do Ipiranga", ao proclamar "Independência ou morte". (N. R.)

ÍNDICE

ÍNDICE REMISSIVO E ONOMÁSTICO

A

Alemanha nazista, 45, 127, 136, 150, 156, 184-85
Argumento da intimidação, 201-05
Aristocracia feudal da Europa, 170
Aristóteles (385-323 a.C.), 24, 204
Átila (400-453), rei dos hunos, 150, 196
"Autodeterminação das nações", 150
Autossacrifício, 17, 44, 49-50, 53-54, 60, 79-80, 151-52

B

Babbitt, personagem do romance *Babbitt*, de Harry Sinclair Lewis, 198
Beatniks, 91, 142
Bentham, Jeremy (1748-1832), 40
Berlim Ocidental, 126-27
Berlim Oriental, 127
Brahms, Johannes (1833-1897), 184
Branden, Barbara (1929-2013), 117
Branden, Nathaniel (1930-2014), 12, 18-19, 49, 74, 79, 87, 175, 195

C

Câmaras de gás da Alemanha nazista, 136
Camboja, 169
Canadá, 126
Carnegie Hall, 184
Caso ALCOA de 1945, 179
Caso General Electric de 1948, 179
Castro Ruz, Fidel Alejandro (1926-2016), ditador de Cuba, 150
China comunista, 126
China vermelha, *ver* China comunista
Código moral, 17-18, 23, 33, 109-10, 135, 147
Comte, Isidore Auguste Marie François Xavier (1798-1857), 40
Constituição dos Estados Unidos da América, 138, 162, 189, 192
"Conceitualização", 30
Consciência, 26-32, 34-35, 37-38, 42, 49-52, 54, 80, 88, 90-91, 104, 127, 139, 202-03
Cotas raciais, 189-90

Cuba, 126, 150, 152
Cyrano de Bergerac, peça de Edmond Rostand, 92

D
Dagny, personagem de *A Revolta de Atlas*, 81
Declaração da Independência dos Estados Unidos da América, 137-38, 158
Declaração dos Direitos do Homem e do Cidadão, de 1789, 138, 141, 143
Democracia de Atenas, 136
"Departamento de Munição Intelectual", 19
Departamento do Censo dos Estados Unidos da América, 187
Diferença entre "padrão" e "propósito", 35
"Direito divino dos reis", 149
"Direitos coletivos", 143, 148
"Direitos de interesse público", 143
Direitos de propriedade, 125, 130-31, 137, 141, 151, 189, 191
"Direitos econômicos", 141-43
"Direitos individuais", 143, 148
Direitos políticos *versus* "direitos econômicos", 143
Doutrina do direito sagrado à estagnação, 175, 178-79
Doutrina do *laissez-faire*, 44, 143, 186
Dostoiévsky, Fiodor Mikhailovitch (1821-1881), 197

E
Eficácia, 32, 50, 52-54, 87-90, 93, 175-76
Egito, 136
Egoísmo *versus* altruísmo, 79
Egoísmo *versus* autossacrifício, 79
Ellsworth Toohey, personagem de *A Nascente*, 197
Esperando Godot, peça de Samuel Beckett, 92
Estado de bem-estar social da Prússia de Bismarck, 136
Estado de bem-estar social dos imperadores de Roma, 136
Estados Unidos da América, 44, 97-98, 104, 113, 119, 126, 129, 136, 138, 140, 186-87
Ética do altruísmo, 16, 43, 59, 61, 82
Ética objetivista, 17-19, 23, 33, 35, 37, 41, 43-44, 61, 117
Ética objetivista, A, palestra de Ayn Rand, 156
Existencialismo, 70

F
Falácia *ad hominem*, 201
Falácia do "conceito roubado", 109
Faraó do Egito, 129, 136
Filosofia do Direito, 149, 160, 167
For the New Intellectual, de Ayn Rand, 44
França, 129, 136, 161

G
Genghis Khan, nascido Temudjin (1162-1227), rei dos mongóis, 150
Goa, 126
Goethe, Johann Wolfgang von (1749-1832), 184

"Governo mundial", 151
"Guerra fria", 126

H
Hedonismo, 40
Hiss, Alger (1904-1996), 141
Hitler, Adolf (1889-1945), ditador da Alemanha nazista, 150
Homem subterrâneo de Dostoiévsky, 197

I
Idade das Trevas, 45
Idade Média, 45, 136, 179
Império Russo czarista, 11, 189
Incidente de Alger Hiss, 141
Independence Hall, 129
Índia socialista, 126
Individualismo, 186, 195-98
Individualismo ético-político, 195, 197
Individualismo ético-psicológico, 195-97
Inglaterra, 125-26, 186
Inquisição, 136
Instrumento de distorção, 51

J
Japão, 169
Jardim do Éden, 177
John Galt, personagem de *A Revolta de Atlas*, 23, 33, 36, 39, 45, 51, 81, 117

K
Krushchev, Nikita Sergueievitch (1894-1971), secretário-geral do PCUS, 150

L
Lei da Identidade, 70, 137
Leis antitruste, 179
Luís XIV (1638-1715), rei da França, 129

M
Matadouro da União Soviética, 136
Mecanismo prazer-dor, 28-29, 37-38, 87
Medicare, 119
Mentalidade coletivizada, 118
Metafísico social, 203-04
Mill, John Stuart (1806-1873), 40
Minow, Newton N. (1926-), 142
Monarquia absoluta da França, 136
Moscou, 129-30

N
Nações Unidas, 113, 202
Nascente, A, de Ayn Rand, 197
National Urban League, 190
Natureza metafísica do homem, 65
New York Times, The, 189-91
Nietzsche, Friedrich Wilhelm (1844-1900), 40, 195
Nixon, Richard Milhous (1913-1994), 37º presidente dos Estados Unidos da América, 141
Nova York, 19, 129, 189

O
"Objectivism and Psychology", capítulo de *Who Is Ayn Rand?*, de Nathaniel Branden, 50
Objectivist, The, novo nome de *The Objectivist Newsletter*, 19
Objectivist Newsletter, The, 19

Objetivismo, objetivistas, 11, 19, 43, 61, 69, 117, 167, 195, 197-98
Orgulho, 35, 37, 52-53, 89, 92-93

P
Pagamento de *royalties*, 179
Pais Fundadores dos Estados Unidos, 140, 161
Palácio de Versailles, 129
Partido Democrata norte-americano, 139
Percepção como sensação, 29, 31, 34
Percepção da realidade, 36, 196
Política exterior dos Estados Unidos, 97
Política interna dos Estados Unidos, 98
Potencialidades do intelecto humano, 12
Porto Rico, 73
Princípio da justiça, 42

Q
Questão da sobrevivência, 37

R
Racionalidade, 33, 35-36, 53, 71-72, 98-99, 105, 159-60, 186, 189, 196
Racismo, 152, 183-91
Rand, Ayn, nascida Alisa Zinov'yevna Rozenbaum (1905-1982), 11-12, 15, 19, 23, 40, 45, 59, 69, 97, 103, 109, 117, 125, 135, 147, 155, 167, 183, 195, 197, 201
Regra ilimitada da maioria, 136
Revolta de Atlas, A, de Ayn Rand, 16, 23, 43, 51, 53, 60, 81, 195
Revolução Americana, 161

Roma, 129, 136
Roosevelt, Franklin Delano (1882-1945), 32º presidente dos Estados Unidos da América, 139
Roupa nova do Imperador, A, de Hans Christian Andersen, 202
Rússia czarista, 189
Rússia soviética, 45, 104, 113, 121, 126-27, 150, 156, 161, 185

S
Sacrifício, 17-18, 37, 41-44, 53-54, 60, 61-62, 69, 75, 81, 119, 121, 130, 138, 170-71, 189
São Petersburgo, 11
Schiller, Johann Christoph Friedrich von (1759-1805), 184
Sistema americano de freios e contrapesos (*checks and balances*), 162
Sistema de guildas da Idade Média, 179
Stirner, Max, pseudônimo de Johann Kaspar Schmidt (1806-1856), 195
Substituir Deus pela Sociedade, 24-25

T
Teoria anarquista, 160
Teorias éticas:
    Mística, 44
    Social, 45
    Subjetiva, 45

V

Valores:
    Amor, 42, 61, 73
    Amizade, 42, 61

Valores relacionados à ética
    Altruísmo, 16-19, 40, 43-45, 59-61, 65, 79-82, 109, 118-19, 127, 138, 178, 202
    Cinismo, 17, 83, 104
    Culpa, 17, 37, 39, 44-45, 50-53, 55, 62-62, 74, 82, 93, 112, 152, 157, 189-90, 201

Virtudes:
    Honestidade, 36
    Independência, 36, 196
    Justiça, 36, 42
    Orgulho, 36, 37
    Produtividade, 35, 36

W

Who Is Ayn Rand?, de Nathaniel Branden, 50, 177
Wisconsin, 23, 169

Y

Young Jr., Whitney M. (1921-1971), 190